來問問哲學家

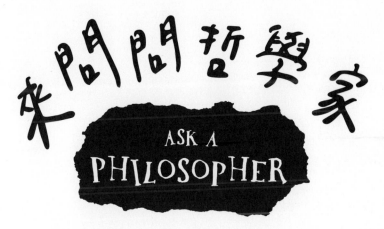

ASK A
PHILOSOPHER

你沒想到的好問題，
以及它們的答案

伊恩·奧拉索夫……著

朱家安……譯

Ian Olasov

Answers to Your Most Important and Most Unexpected Questions

獻給

問問題的人們。

第 1 部
宇宙大哉問

第 2 部
日常問題

第 3 部
你沒想過的問題

附錄

自由地問，哲學地答

陳瑞麟
國立中正大學哲學系講座教授

　　拿到初稿，我好奇地先看第三部分「你沒想過的問題」，看到「番茄醬算是一種果昔嗎？」「起司焗雞胸肉是正宗做法嗎？」「如果超人的力量是從太陽來的，為什麼他沒曬黑？」這類「哲學」問題，身為學院的專業哲學研究者，我嚇到了。

　　如果你在學院場合問這種問題，大概會被認為是來鬧場的吧？然而，看到奧拉索夫說他喜歡這類問題，而且神乎其技把它們關聯到哲學思考上，給出有趣的答案，讓我想起自己也曾說過「一本正經講X話」這種戲謔的話，或許，奧拉索夫是「一本正經地回答X問題」？不管是不是「X問題」，它們確實預設了深刻的哲學問題，例如〈番茄醬算是一種果昔嗎？〉涉及我們如何分類事物，〈起司焗雞胸肉是正宗做法嗎？〉涉及我們如何理解「正宗」（起源？典型？）這個概念（它讓我想到最近在台灣的「皮蛋香菜披薩」爭議。據說，長久以來，義大利人一直拒絕承認「夏威夷披薩」是披薩。）還有，奧拉索夫居然能把「超人沒曬黑」連結到「抵抗想像」

的問題上，讓我佩服得五體投地（我最近才偶然讀到這方面的哲學論文）。

因此，奧拉索夫真的不是來鬧場的。

本書分成三大部分。第一部分「宇宙大哉問」通通都是標準的、正宗的傳統哲學大問題。第二部分「日常問題」也很重要，屬於「情緒哲學」、「性別哲學」、「應用倫理學」、「死亡哲學」、「政治哲學」等等子領域，大多是當前學院哲學家在處理的問題，只是被妝點濃厚的術語。第三部分已在前文簡述。奧拉索夫其實動用了很多學院理論和觀念資源，來回答這三大部分的問題，當然，他以十分平易近人、老少能解的語言把答案表達出來，可以說濃縮了當代學院哲學的菁華。我必須說，我從本書學到了很多。而且我想強調：學院哲學家一定可以從本書中學到些什麼（雖然可能不會感到滿足），但它有可能燃起你重新投入各種議題辯論的熊熊熱情。

當代學院哲學就像科學一樣，走向學科分化的體制路線，學院哲學家在個人專精的領域內深入少數議題，構作精緻的論證，但也愈來愈被侷限在內部對話，似乎形成一個外人難入的「結界」。長久下來，我們似乎也忘了如何與學院外的人們溝通哲學。本書被譯成中文，對於有志於社會溝通的學院哲學人而言，實在是一大福音。

我很高興時報文化願意出版本書而且找朱家安把它譯成中文。長期於網路上普及哲學並以哲學思考方法來評論時事的朱家安，實在是翻譯本書的最佳候選人（沒有之一）。他發揮了專長，把本書仍不可免的哲學術語，以達意、生動又能理解的方式翻譯出來，還補充不少譯註，並向讀者推薦台灣可行的中文哲學資源，這些作法都為本書增添了重要的附加價值。

我也相信，對一般人而言，本書會像是擺攤桌上的糖果那樣誘

人。一般人常以為哲學問題沒有答案，這是個錯誤印象。不信你看奧拉索夫在回答很多問題的開頭，直截了當地給出他的答案。例如「死掉之後我能以靈魂什麼的形式繼續存在嗎」這個問題，奧拉索夫劈頭就答：「不能。」然後提供了很多理由。如果你是傳統宗教的信仰者，大概不會服氣，你也許可能舉出很多理由來與奧拉索夫爭論、反駁他。很好，這正是他所要的。你跟奧拉索夫對這個問題的答案沒有共識，很多哲學家也不見得同意他。奧拉索夫正是使用這個「對答案沒有共識的問題」來界定哲學。

　　本書是奧拉索夫和他的夥伴們於二〇一六年在紐約街頭擺攤與群眾互動的結果與產品，這種互動形式重現了古希臘的「街頭哲學」。在我看來，本書的生產過程和它的結果也示範了當代哲學作為「公共哲學諮商」的一種可能性。＊公共哲學諮商的場域不一定要在實體街頭上，在今天的社會中，它或許更容易出現在網路，具有不受時間和空間限制的好處。很多年以前，朱家安曾經想利用他在網路上打下的基礎，找我們學院哲學家合作推動一個「來去問哲學家」的網站，構想是讓人們在網路上問問題，再由學院哲學家提供答案。可惜不知是因為什麼因素，這個網站並沒有實現，也推不起來。我想，可能是學院哲學還是有它自身作為「哲學智庫」的任務吧？就像本書大部分答案仍然來自學院哲學論著，再由奧拉索夫重新表述。所以，在網路街頭回答哲學問題，還是由朱家安出馬吧！

　　已經超出不少字數了，我還是想談我最想跟讀者們分享的地方。在回答「真的有『無意識』這回事嗎？」這個問題後，奧拉索

註
＊ 關於「公共哲學諮商」的觀念，可以看我在2019年3月3日於臉書「陳瑞麟的科哲絮語」發表的〈談談公共哲學諮商〉一文：https://pse.is/3Khmjr

夫談到一個國小女孩問：「佛洛依德和榮格誰厲害？」他感嘆：「我還是忍不住有點難過，連這個年紀的小孩，都已經把哲學問題理解成『關於哲學家的問題』。世上是有人在研究那些已經死掉的霹靂無敵大天才都說了什麼，也有人在研究別人都怎麼想。但我還是要跟你說，好好去思考你自己的想法比較重要，我認真的。」我也是認真地分享這一小段落。

餅乾有生命嗎？

林靜君

臺灣高中哲學教育推廣學會理事長

「媽媽，餅乾有生命嗎？」

「沒有啊。」

「要放到嘴巴裡才有生命嗎？」

這是友人與她四歲小孩的對話。小孩真正的目的是討零食，她的提問事實上使用了「生命」的（至少）兩個定義，嚴格來說，這個聰明的小孩使用了「歧義字」來企圖闖關，但卻令人震撼。對於「存在的意義」的探討，不就是這樣開始的嗎？

而當一個十五歲的高中生在哲學課結束後到講台旁來問我：「老師，我要怎麼確定我是存在的？」這個問題，卻也絕不是把哲學家對於存在的所有論點丟給他就可以。

人無法不思考。上至對生命和宇宙的大哉問，下至看似瑣碎的日常發問，背後往往可以攤開成錯綜交疊的好幾組信念。「到底有沒有所謂客觀的真理？」「養魚當寵物OK嗎？」同等重要，也同等難解。

哲學問題就是那些不容易回答、很難對於答案形成共識的問題。本書作者走出學院，接受任何人提問那些存在心中的難解問題，嘗試對話，並且提供了具相當深度的思辨方法。這些對話具體為文字之後，保有反思的深度，但卻筆調輕鬆，能夠輕快地引領讀者打通任督二脈。或者攪得更亂？無所謂，哲學問題本來就不是簡單問題，更何況，在拆解一組又一組的信念危機之中，我們得以整理自己的價值，能夠在再次感到困惑與迷惘的時候，幫自己安定身心。

透過這本書，熟悉
智慧的朋友———「哲學」

洪瀞
暢銷書《自己的力學》作者
國立成功大學副教授

　　若有這個機會，讓你提問哲學家一個問題，你會想問什麼？而你預期得到的回應又是什麼呢？

　　我猜想，有不少人或許會直覺地想到，何不妨就來問問哲學家：什麼是「哲學」？

　　本書作者確實也非常地夠意思，開門見山即回應了這個問題。他告訴我們，「哲學」探究的議題通常都尚未擁有具共識的回答，同時也在此指出另一個關鍵點：想了解什麼是「哲學」，我們可以從了解「哲學」的問與答開始。

　　接著，我相信不少人可能有這樣的疑惑，那就是：了解「哲學」有什麼好處呢？

　　事實上，已有非常多的實例顯示，了解哲學能非常有效益地幫助我們探究事物的本質以及養成系統性的思考習慣。你可能也曾聽過這句話：「哲學是智慧的朋友。」這句話實則也再提醒我們想要變得有智慧當然就不能錯過「哲學」這位好朋友。

本書作者 伊恩‧奧拉索夫立基於自己與美國論壇「Brooklyn Public Philosophers」的哲學家們的專長，透過流動攤位在紐約市各處幫人解答哲學問題，並從中積累出許多有意義的對談。本書內容涵蓋了像是宇宙大哉問、日常問題、許多我們想像不到的問題，以及哲學家們會如何回應這些哲學問題的活潑趣聞。

　　我非常推薦你閱讀這本有意思的書，給熟悉以及不熟悉哲學的人們，快來看看這些厲害哲學家們的思考模式，相信你一定能從中獲得許多意想不到的啟發。

念哲學以後能幹嘛？
擺攤講哲學啊！

鄭凱元
哲學新媒體共同創辦人暨執行長

　　在台灣，哲學系學生第二討厭被問的問題就是「念哲學以後能幹嘛？」，僅次於最討厭的「念哲學以後是不是要擺攤算命？」面對這些討人厭的問題，《來問問哲學家》給了哲學人一個有創意的回答：「念哲學以後可以擺攤講哲學啊！」

　　擺攤講哲學？這就是作者奧拉索夫和幾位哲學教授、研究生一起在週末做的事情：在市場、公園、捷運站擺個攤位，讓任何有興趣、不分年齡的人來問哲學問題——雖說問題並非全都和哲學有關，但他們會試著引導提問者往更深入的方向走。本書集結了各種奇妙問題和神回應，會讓你驚訝地發現原來生活中有那麼多令人好奇的問題都和哲學有關。

　　這本書會打動我的一個主要原因是，奧拉索夫所做的就和「哲學新媒體」正在做的事情一模一樣。哲媒在二〇二一年初開始，每個月底的週末舉辦一次〈哲學相談室〉線上活動，開放網友報名參加，每次請一位哲學專業者當來賓，負責回答參加者提出的問

題——不管是什麼樣的問題，有人問，就試著答。幾次活動下來，我們發現一般人對哲學問題的好奇以及對追尋答案的渴望，遠比哲學系學生來得強烈與真摯。

　　哲學人的回答不見得完全滿足提問者的需求，但在這一來一往之間，大家都感受到某種知性上極限體驗，有點神祕卻又合乎情理。《來問問哲學家》就是有著這樣的魅力。

強者
我學長

鄭會穎
國立政治大學哲學系助理教授
現象學研究中心主任

　　記得前一陣子滑過譯者的頁面，看到提及要翻譯一本哲普書，其作者的名字十分眼熟，定睛一看，發現是我在紐約市立大學一位學養很好的學長，便隨性留言：「強者我學長。」而這無心插柳也成了我為此書撰寫推薦文的契機。

　　市面上的哲普書已多如牛毛，要為任何一本背書說是「最好」，恐怕都是違心之論；但我願意以自己小小的學術名聲擔保，這本哲普書「非常好」。怎麼個好法？首先，作者奧拉索夫是位善於溝通的人，這麼說不僅是立基於我對他本人的認識，也是知道他參與過「來問問哲學家」的哲學攤位；再來，哲學要入世的最佳途徑，便是在非學術的公共場域與普羅大眾直接溝通，不打草稿、不先設限。在這樣的洗禮下，討論的問題與回答的內容，都能夠相當直接反映民眾最有興趣與最在意的思辨。

　　但本書也並非只反映大眾對於哲學相關問題的想像；書中的許多問題都是哲學系或是哲學通識課中才比較會遇到的問題，像是：

「為什麼世界上有事物存在，而不是啥都沒有？」、「我們真能認識腦殼外面的世界嗎？」還有其他問題是我在其他哲普書很少見到的類型，像是「養魚當寵物OK嗎？」、「起司焗雞胸肉是正宗做法嗎？」等等。奧拉索夫以詼諧但不失嚴謹的文筆來探討這些大中小哉問與突發奇想，相信能帶給讀者們收穫滿滿的思想體驗。

逛逛哲學家的攤位

賴以威
台師大電機系副教授
數感實驗室共同創辦人

　　我對哲學完全沒有研究，所以老實說，一開始被邀請來寫推薦序時，我做的第一件事是按下搜尋，輸入「數學」，試圖從跟數學有關的篇章下手。但看完二十三個數學出現的場合後，我決定放棄，一來難度有點太高。再者「詮釋哲學家詮釋的數學」這件事似乎也有點多餘。

　　我開始有壓力，不知道自己能怎麼推薦。間斷地讀了幾天後，我發現其實我根本不需要說些什麼很了不起的書評，那是作者跟譯者等哲學家們的任務，我只要扮演好哲學情境中常出現的另一個角色，也就是走到攤位上，跟哲學家提問的那個人，或是一整個下午剛好沒事做，索性駐點在攤位上，聽哲學家跟來來往往的人們聊天。於是有人問了：

　　「生命的意義是什麼？」

　　撇開青少年時期跟喜歡的女生約會時，附庸風雅的開過這個話

題。當父親後的我想過好幾次這件事。哲學家怎麼說呢？

「時間和空間是客觀存在的嗎？」
這問題很硬噢，哲學家確定要接下這個挑戰嗎？

「科學跟宗教註定衝突嗎？」
噢，這個我很感興趣，而且我還聽過帕斯卡（Blaise Pascal）用期望值去證明了他應該要有信仰（而且他也真的這麼做了）。不過，後來有數學家認為帕斯卡的證明有瑕疵，這又是另一個是數學問題了。我只差沒有把自己的對白寫在書頁上（但其實，某種程度上我正在這麼做），就像一個想插嘴分享的路人。

隨意翻開這本書，不需要連上網、不會跳出廣告，你的精神得以直接走入沙龍市集，來到哲學家的攤位，聆聽一場風趣又蘊含深意的對話。

前言

　　二〇一六年春天某個週六上午濕濕冷冷，我在大軍團廣場的農夫市集把一張折疊桌給打開，隔著一條街，對面就是布魯克林公共圖書館。接下來幾個小時，我跟幾個哲學教授和研究生坐在「來問問哲學家」看板後面，等人上門。用不了多久真的有人來了，他們帶著五花八門的問題，像是上帝、總統大選、安‧蘭德（Ayn Rand）◆、養魚當寵物、道德教育、自由意志、命運、生命意義……。在那之後，我們又擺了好幾次攤，擺遍整個紐約，去過商店、地鐵站、公園、書展、街頭市集和農夫市集。這些活動的收穫難以形容。我們在長長短短的時間遇見幾千個人，他們涵蓋各族群，特色也多種多樣：怪異的、友好的、好奇的、孤獨的、跳 tone 的、興奮的、想法放飛自我的、用智慧之光籠罩我們的。每次擺攤，我們除了得到新的問題，也得到新的故事和啟發。

　　之所以會進行「來問問哲學家」，是因為我希望哲學能回應一般人的需求。當然，鼓勵一般人，讓他們能了解哲學家在意的問題，是很重要的事情，但反過來說，鼓勵哲學家，讓他們能了解一

般人在意的問題並幫上忙，也同樣重要。

　　這本書試著回答我們在攤位收到的一些熱門問題，這些問題反映了我們所在意事物的廣大範圍。* 偶爾也會記錄攤位上的一些趣事，這些趣事讓問題更難忘。有時候你會看到手指符號 ，這代表我假想的對話者的回應。這本書的問題排列沒有先後，你可以任意挑自己喜歡的開始讀。

　　當然，攤位現場發生的一些奇妙事情不太容易用文字展現，像是人們自發的行為和互動，用哲學「突襲」一般人的戲劇化效果等等。不過文字依然能記錄一些重要的東西，藉由這本書，我希望展示哲學如何能貫徹於日常生活、令人充分理解，並藉此說明哲學能為任何人所用。

....

　　我相信我在這本書裡做的所有主張，因為此書的寫作是出於真心。不過我也相信裡面有些說法是錯的，因為哲學很難，而我以健康的眼光看待自己的侷限。你可能已經看出來，上述說法不一致，

安・蘭德（Ayan Rand, 1905-1982），俄裔美籍小說家及哲學家，二十世紀著名的利己主義者，著作《自私的美德》（左岸文化，焦曉菊譯，2012）在美國影響甚鉅，並著有多部暢銷小說，如《阿特拉斯聳聳肩》、《源泉》。

作者註 * 當中有些問題由參與者直接提出，另外一些則是我們在討論中發展出來的。

也就是說它們不可能都為真。通常，如果發現自己持有的信念彼此不一致，我會修改到它們一致為止。[1]畢竟我們倚賴信念來思考，不一致的信念會讓你的思考亂成一團。而如果某組信念不能同時為真，那它們之間至少有一個為假。然而，就算我回頭好好確認和修正整份書稿，大概也不會有什麼幫助。在這種情況下，我依然會做出一大堆主張，也依然會樂於承認我一定在**某些地方**搞錯了。以哲學術語來說，我們在本書前言就遇上了悖論（paradox）。[2]

　　幸運——甚至有點太幸運——的是這個悖論已經有簡潔的好解法。這解法在於理解，我們可以**完整地**相信事情，也可以**有程度地**相信事情。如果我完整地相信彼此不一致的事情，那我就必須修正。但當我以很高的程度同時相信一整組事情，我當然能夠以很高的程度相信它們其中有一個是錯的。*

　　藉由上述思考，我們可以看出一些重要的事情。

　　首先，許多時候哲學的出現，是因為一個人察覺自己有不一致的信念。有時候我們可以修正信念來排除不一致。但有時候我們需要找個方法來在不一致當中維持信念的平衡。

　　再來，我當然相信自己在這本書裡寫的東西，但並不是百分之一百相信。每當覺得自己信心不足，或者過度自信，這些感覺都提醒我，我不只是想要跟你分享正確的哲學答案，同時也想要促發有收穫的哲學探索。

　　第三，就像前面討論悖論一樣，本書裡討論問題的篇幅，都遠小於這些問題實際上能發展的篇幅。幾乎每一篇，都會有我沒討論到的反駁、我沒探索的解決方案，以及我省略的細節。然而，要替

我自己的想法提供反駁和其他解決方案，你應該比我更擅長，如此一來，我便不該替你做這些事。不管如何，我希望你覺得這本書讀起來好玩不無聊。

第四，如同上述，這本書的多數內容並非原創。我分享的東西多半已經由其他人在其他地方說過。為了讓文字輕巧一些，我把相關出處和推薦閱讀一起放在附錄。

最後，這種輕巧可能會讓一些人覺得哲學是種很簡單的東西。在這我就直說了：哲學很難。哲學滿地都是懷疑跟死路，從來不給你堅實的立論基礎，幾乎總是在無法理解和不相關的邊緣徘徊。不過至少，哲學的思考還只是困難，而不是不可能。

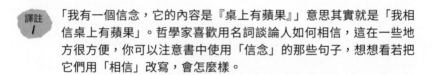

譯註1　「我有一個信念，它的內容是『桌上有蘋果』」意思其實就是「我相信桌上有蘋果」。哲學家喜歡用名詞談論人如何相信，這在一些地方很方便，你可以注意書中使用「信念」的那些句子，想想看若把它們用「相信」改寫，會怎麼樣。

譯註2　當你從看起來沒問題的前提，透過看起來沒問題的推論，得到很奇怪的結論，哲學家就會說你遇見一個悖論。當悖論出現，代表我們知道有事情不對勁，但不知道究竟哪裡不對勁。這對一般人來說是困惑，對學者來說則是困惑加上論文發表機會。

作者註＊　要了解這說法，想像一下你的信念含有機率性，像是：你對一百件不同的事情各自都有九十五％的信念，但你又有九十九％的信念，相信它們之中至少一件為假。

最棒的政府是那種政府？

我們真的知道怎樣對自己最好嗎？

我們真的能認識腦殼外面的世界嗎？

若全球暖化是真的，我是否不該生小孩？

先有想法還是先有語言？

科學跟宗教註定衝突嗎？

時間和空間是客觀存在的嗎？

大腦是如何產生意識經驗的？

幸福到底是什麼？

色彩是主觀的嗎？

為什麼世界上有事物存在，而不是啥都沒有？

真的有「無意識」這回事嗎？

死掉之後我能以靈魂什麼的形式繼續存在嗎？

我幹嘛關心這個？

第 **1** 部

宇宙大哉問

神存在嗎？

哲學到底在幹嘛？

人性本惡或本善？

時間旅行有可能辦到嗎？

生命的意義是什麼？

到底有沒有所謂客觀的真理？

我們有自由意志嗎？

該怎麼應付二元論？

「為什麼」究竟是在問什麼？

哲學到底在幹嘛？

　　在每門哲學課的第一堂，當我要跟學生說明哲學在幹嘛，我會給他們一大堆哲學問題做為例子。可想而知，這時候就會有人說：「喔，你是說那種沒答案的問題對嗎～」然而，我自己其實不會這樣描述哲學。首先，許多**過去**歸類為哲學的問題，現在已經是科學問題，例如「物質可以無限分割嗎？」這樣的問題。誰敢保證這本書裡討論的東西，在將來不會變成科學問題呢？（其實我相信本書討論的許多問題現在**已經**是科學問題，只是科學家們基於一些理由還沒開始舉手說話。）不過哲學確實有個有趣的地方。不管是職業哲學家還是整個世界，通常都對哲學問題的答案沒共識。而且大家之所以沒共識，並不只是因為某些人還沒把事情想清楚。事實上在一些情況下，就連資訊充分、思慮徹底的人，也無法同意彼此的看法。

　　對哲學還有另一種常見誤解，這可以從「來問問哲學家」攤位的日常趣事看出來。擺攤的每一天，早晚會有人上門問我們一些關於占星解夢、靈魂出竅或「到底是誰殺了甘迺迪？」之類的問題。通常我需要花一些工夫，才能把這些話題導回我認為有「哲學性」

的問題上。（從占星風行，我們可以看出敘事對人的哪些特殊意義？一則解夢要符合哪些條件，才算正確符實？在什麼情況下，相信陰謀論才是合理的選擇？）但想想看：為什麼人們打從一開始，會覺得那些問題算是哲學問題？當然，一方面來說，是因為哲學家整體並沒花什麼心力跟社會說明他們在幹嘛。但另一方面，我認為這也是因為人們有種正確的直覺，認為哲學是在處理那些在其他地方沒被認真看待的想法，像是，哲學論證常倚賴既人工又怪異的思想實驗。

....

分享一下我最愛的思想實驗：

- **電車問題**（The Trolley Problem）：電車疾駛而來，即將碾過綁在軌道上的五個人。你可以拉搖桿改變電車方向，讓它改為碾過另一個人。你該這樣做嗎？電車疾駛而來，即將碾過綁在軌道上的五個人。你可以把一個大塊頭推到軌道上，他會犧牲，電車會停下。你該這樣做嗎？上面兩個問題，該要有一樣的答案嗎？如果不是，為什麼？

- **無知之幕**（The Veil of Ignorance）：假設你暫時獲得關於社會的所有所需知識，但你會忘記自己在社會中是怎樣的人。如此一來，你會選擇如何改變社會的基本法律和結構？在這種情況下，你沒辦法替自己爭取好處，因此我們可以說，你選擇的改變，必定會讓社會更正義，對嗎？

- **攣生地球**（Twin Earth）：假設一個世界，看起來跟我們的世界一模一樣，只不過那個世界裡被人們稱為「水」的東西是由 H_2O 之外的東西構成的。在這種情況下，「水」這個詞在那個世界，跟

在我們的世界，依然保有同樣的意思嗎？

- **隱形園丁**（The Invisible Gardener）：受某個隱形園丁照料的花園，和根本沒人照料的花園，有差嗎？

- **歸納法新謎題**（The New Riddle of Induction）：假設有個新的顏色詞彙「綠藍色」（grue），指涉的是「二〇三〇年之前被發現而且是綠色的，或者二〇三〇年之前沒被發現而且是藍色的」的東西。考慮到所有你看過的草都是綠藍色的，你該因此認為所有草都是綠藍色的嗎？[1]

- **哥德爾和斯密特**（Gödel and Schmidt）：你以為你很了解哥德爾（Kurt Gödel），但其實你心裡所有關於哥德爾的理解都是錯的。湊巧的是，有某個你不認識的人，叫做斯密特，完全符合上述理解。在這種情況下，你算是擁有一堆關於哥德爾的錯誤信念，還是擁有一堆關於斯密特的正確信念？

- **知識論證**（The Knowledge Argument）：假設某人自出生以來都活在一個只有白色和黑色的房間裡，但他掌握所有關於顏色感知所需的物理、心理和神經科學知識。在這種情況下，當他第一次看見紅蘋果，他會因此知道任何新的事情嗎？

- **靜止世界**（Freeze World）：假設宇宙分成三個部分。在外界的觀察者看來，第一個部分每年都會靜止五分鐘，第二個部分每兩年都會靜止五分鐘，第三個部分每三年都會靜止五分鐘。在這種情況下，是不是每過六年，這個宇宙就會有五分鐘的時間完全靜止，沒有任何東西改變？

- **漂浮的人**（The Floating Man）：若你生來就沒有任何感官能力，你會意識到自己嗎？

- **蓋吉斯的隱形戒指**（The Ring of Gyges）：若戴上隱形戒指，你會

變成更糟糕的人嗎？若你可以任意偷拐搶騙而不付出任何代價，在什麼情況下你會選擇不做？

- **丹尼特的「我在哪？」**（Dennett's "Where Am I?"）：若你每個神經末端都有小小的無線電發信器，讓大腦可以遙控身體，那「你」到底在哪裡？是在你的大腦所在的位置，還是在你的身體所在的位置？

- **蓋提爾案例**（Gettier Cases）：假設有人暗中把你的手機設成靜音，當你聽到跟自己手機一樣的鈴聲響起（來自附近別人的手機），而真的剛好有人打給你，那你算是「知道」有人打給你嗎？

- **極端翻譯**（Radical Translation）：假設有個人講的是你完全不懂的語言，當他手指著兔子然後說「嘎八蓋」，你要怎麼知道這個「嘎八蓋」指的是兔子、兔子的某個部分、特定時間區間的兔子，還是「身為兔子」的這種性質？

....

也確實，有某些想法受到滿多哲學家歡迎，但對一般人來說簡直不可思議，例如「人沒有意識經驗」、「時間的流動是幻覺」、「人其實什麼都不知道」。在哲學上，只要某些想法跟我們面對的問題相關，就不能單純摒棄，得要提出理由來思量。

有一個區分哲學的方法，大致上還滿合用的：若對於一個問題，我們連該用什麼方法來研究、該從何處獲得證據都沒共識，那

 譯註 1 很奇怪，我知道。「grue」是哲學家為了討論這個思想實驗造出來的詞，前半是 green 後半是 blue。

這個問題就是哲學問題。本書討論的所有哲學問題,都符合這個特徵。這個特徵可以說明很多事情。像是,為什麼一般人會覺得哲學問題沒有答案。又像是,為什麼很多哲學問題真的很久都沒答案。還有,為什麼對任何主題我們都有辦法問出哲學問題,以及,為什麼在思考哲學的時候,開放態度很重要。

不過,其實這樣說也不太對。至少在邏輯和哲學史領域,大家對基本研究方法有共識,而沒人敢說邏輯和哲學史不算哲學。反過來說,在歷史、心理學和物理學,確實有一些困難的問題,大家連該如何研究都沒共識。然而,這已經是我想到最好的答案了。如果你知道有更好的方法,可以說明什麼是哲學,請寄電子郵件給我。[2]

「來問問哲學家」每次擺攤,攤位上都會有三個碗。一個放滿哲學問題,一個放滿思想實驗,一個放糖果。在某個炎熱夏天的攤位上,糖果被拿光了。有個民眾看到空蕩蕩的糖果碗,問說:「這是關於哲學的什麼隱喻嗎?」讓我有膝蓋中箭的感覺。

譯註 2　作者的電子郵件地址:ianolasov@gmail.com

為什麼世界上有事物存在，而不是啥都沒有？

　　我小時候曾經為了一個事情生氣。我想吃煎蛋，但我以為那種事物叫做「炒蛋」。所以我說「我想吃炒蛋」，不意外得到一盤炒蛋，然後我就生氣了。後來父母弄了一盤煎蛋給我，結果只讓我更氣。事情是這樣的：我當時不只想要吃煎蛋，我還想要人們把這事物叫做「炒蛋」。換句話說，我提出的要求其實根本不可能實現，話說這大概也不是我最後一次跟父母提這種要求。

　　所以，到底為什麼世界上有事物存在，而不是什麼都沒有？這個問題乍看之下，是希望我們說明因果關係（causal explanation）。照這想法，我們可以把問題改寫成這樣：世界上存在的第一個事物，是什麼導致它存在的？當然，這第一個事物有可能是自己導致自己存在，自己就是自己存在的原因；也有可能是某些在它之後才出現的事物導致它存在的，也就是說，它存在的原因比它還要晚出現。這些解決方案在邏輯上都沒有矛盾。不過我們現在暫時先不考慮這類說法。（之所以這樣，一方面是基於這類說法把「因果關係」的概念延伸到可能會出問題的地步。另一方面則是，如果真有事

物會自己導致自己存在，或者被後續的其他事物導致，我們應該不會從來沒見過這類事情。）這樣一來，選項就只剩下一個：世界上的第一個事物之所以存在，是被它之前的某個事物導致的。但這太扯了。如果第一個事物之前還有事物，那它就不會是第一個事物。就像是你問：「柯林頓總統（Bill Clinton）的第三個兒子叫什麼名字？」這問題沒答案，並不是因為它很難，而是因為它有個錯誤的預設：柯林頓有第三個兒子。

 好吧，世界的開端當然不會有因果關係上的說明。不過我並不是想問這個。

確實，對事情的說明，不只有因果關係的說明這一種。例如，要說明「2 + 2 = 4」這樣的數學事實，我們可以想辦法用人類可理解的方式，把它們從直覺上沒問題的定理（像是皮亞諾算數〔Peano arithmetic〕*）演繹出來。要說明比較特殊的自然律，比如克卜勒行星運動定律（Kepler's laws of planetary motion），我們可以說明它如何能從更普遍的自然律演繹出來，像是牛頓的重力和運動定律（Newton's law of gravity and laws of motion）。要說明我們為什麼會有某些行為、持有某些信念，我們可以提出相關的理由。要說明性狀，我們可以指出生物的某些功能。要說明難以掌握的想法，我們可以換句話說，或使用比喻和例子。然而，當我們問「為什麼有事

 作者註　*　你不用懂皮亞諾算數也可以理解這邊講的東西，但若你有興趣，可以參考第181頁。

物存在？」我們顯然不是想要別人說明世界上的事物怎麼從數學原則或自然律演繹出來，也不是想要別人把它們換句話說，或替它們想更多比喻和例子。所以當我們問這問題，我們想要某種說明，但我們想要的並不是一般人可理解的那些種類的說明。這就像是我想吃煎蛋，但我不要吃普通的煎蛋，我要吃被人稱呼為「炒蛋」的煎蛋。這些要求本來就不可能滿足。

這樣說好了，如果我們一般用來說明事物的每一種方法，都無法說明「為什麼世界上有事物存在」，那這件事確實很有趣。如果這個問題主要是要引導我們獲得這個結論，那它真的是好問題。

最後，「說明」對人的意義之一，是讓人感覺自己有所理解，並安頓身心。這是為什麼在覺得困惑迷失的時候，我們就會問問題和尋求說明。在這種理解下，我們最初面對的問題，有可能是在尋求一種感覺，對於存在的事物有所理解的感覺。若是這樣，這個問題並沒有單一正確的答案。會讓你的鄰居產生「理解的感覺」的說法，對你就不見得有效。也因此，我沒辦法告訴你要怎樣才能讓自己對在意的事物感到有所理解，因為我不知道現在讀這段文字的你是怎樣的人。你得靠自己把它找出來。

這類討論通常會提到神，不過這裡我們完全沒提到。基於前文提到的那些理由，我自己並不覺得神對於回答這個問題有幫助。不過這篇文章之所以沒提到神，還有另外一個理由……

神存在嗎？

　　神是那個全能、全知的存在，希望世界完美良善。確實有些人認為神不只有一個，不過我們先不涉入關於一神論（monotheism）的爭論。如果真的有一種全知全能的東西希望這個世界完美良善，我們的世界應該就是完美的了。不過世界事實上並不完美。所以說，神不存在。😣😣😣

　　世界不完美，我同意。不過，誰說神必須全能、全知，並希望世界完美良善？這種界定神的方式，根本是為了上面那個反駁神存在的論證量身訂做的。不管怎樣，我認為的神不是這樣。

　　好吧，這樣說也有道理。不同人對上帝有不同理解，這也是為什麼這個問題難以討論。

　　不過有個方法可以繞過這些麻煩。對大部分人來說，不管他們把神想成什麼樣子，至少他們都認為神值得崇拜。所以，崇拜是怎

麼一回事？要崇拜某個東西，你得全心全意臣服於它，你認為它比你自己有價值多了，也比你自己的判斷值得信任多了。*

然而，全心全意臣服於某個東西，真的有道理嗎？首先，這樣做可能有損尊嚴。再來，你也可能臣服錯對象。人捐錢捐錯神，這種案例在歷史上不少見。而且，或許神不會犯錯，但你會。當你判斷哪個神值得信任並且計畫捐上身家，最好別對這判斷太有自信。所以，以上述理解，崇拜任何東西，都沒道理。所以神不存在。

最後希望：你當然還是可以參加有意義的宗教活動，不管是去教堂、清真寺、寺廟還是猶太會堂都行。就算神不存在，也不代表你對宗教的投入是錯的。社群、故事、慶典、節日、儀式、祭品和音樂，就算神不存在，這些宗教事物還是一樣有價值。這就像聖誕節還是一樣好玩，就算你後來發現（爆雷注意！）聖誕老人不存在。

有個年輕人跑來我的攤位，他媽媽陪在旁邊，一臉不情願的樣子。這位年輕人問我，神到底存不存在？我跟他介紹了上述回答的簡略版本。聽完之後年輕人嘴角上揚，媽媽倒抽一口氣。這樣不是很厚道，不過我心裡其實滿爽的。

作者註 * 有些人可能會對這個說法有意見。當我們崇拜一個東西，確實代表我們認為它很有價值，但這一定代表我們要臣服（submission）於它嗎？我認為重點在於，崇拜本身並不是對等的關係。不管我多愛我伴侶，當我說我「崇拜」（worship）她，頂多也只會是一種隱喻或誇飾的表達。因此，我認為「臣服」這個概念才能捕捉「崇拜」裡面那種核心不可動搖的臣屬關係。

生命的意義是什麼？

老實說，我不知道，不過其實這無所謂。

假設人類真的像某種創造論者（creationists）說的那樣，當初是被外星畜牧業者放到地球上。這些外星人希望我們人丁興旺，哪天他們可以回來大吃一頓。人口成長愈快愈可口，他們愈高興。

若真是這樣，我們就找到了你和人類整體的生命意義，而且還很明確，那就是給外星人當肉吃。但那又如何？發現自己就是要給外星人當肉吃的，這件事情對我一點幫助也沒有，更不會讓我有安身立命的感覺。就算你就是要給外星人當肉吃，這並不代表你**應該**要給外星人當肉吃（若有什麼你該做的，應該是**阻止**外星人吃我們）。重點在於，就算生命真有其意義，就算我們掌握這個意義，也不會因此就獲得期待中的情感依歸和行動指引。

所以若我們真想要情感依歸和行動指引，**到底**該怎麼做？會想到生命意義的問題，往往是在我們對生活不滿意，或者對自己人生願景有所懷疑的時候。不管生命的意義是什麼，這東西應該都要能提供指引，幫助人面對上述情況。所以，我們通常是從哪裡得到

這種指引？一個方向是跟工作滿意度有關的心理學研究。一些研究指出，若你的工作讓你跟人互動、讓你充分自主、讓你自主發揮專長，或讓你認為自己正在做對的事情，讓世界更美好，那你就會對這份工作更滿意。如果這樣還不夠，假設你覺得自己的工作已經算是有點造福世界，但你想要做更多。讚讚！恭喜你，你是個有效利他主義者（effective altruist），把這詞拿去google，或許你會得到更多新點子！

我們有自由意志嗎？

　　這問題很好玩。要是有個哲學問題能搞得連一般人都睡不著覺，通常代表這問題能用日常語言闡述。* 但自由意志（free will）的問題其實是繞著一個哲學術語打轉，就是「自由意志」。因此，這個問題該怎麼回答，跟我們怎麼定義自由意志很有關係。以下是一些常見的選項。

第一個定義
有自由意志就是有能力做選擇。

　　照這說法我們有自由意志，因為我們整天都在做選擇。假設有

　不過這事我其實愈想愈不對勁。我們在「來問問哲學家」攤位其實也常收到充滿術語和學術味的問題，什麼「主觀性」（subjectivity）、「客觀性」（objectivity）、「二元論」（dualism）、「規範性」（normativity）之類。有人知道為什麼會這樣嗎？或許這顯示我們有個更深層的問題：人們覺得你得要討論哲學家思考過的東西，才算是在討論哲學。

個腦波很弱的傢伙上超市，被店員唬得團團轉，讓一罐花生醬成功上了推車，他結帳時甚至沒有多加注意。在這種情況下，他買了特定品牌的花生醬，但這並不是出於他的選擇。再假設過了幾分鐘，一個挑剔的傢伙走進同一間超市。他仔細瀏覽架上所有花生醬，比較價格、原料和其他有的沒的資訊，最後他拿了其中一罐放在推車上，果斷結帳。相較之下，這個人對花生醬確實有所選擇。

當我們說挑剔的傢伙做了選擇，而腦波弱的傢伙沒做選擇，我們是想表達兩者之間有個重要差別。如果擁有自由意志就是擁有能力去做選擇，那麼，否認人類有自由意志，就是在否認上述差別的存在，而這結論恐怕會有點奇怪。

 好吧，但那些出於自願的行動，跟非自願的行動，當中的基本差異到底是什麼？

老實說我還真不確定。是在於人是否對行動有控制感嗎？還是說要看行動是否出於思慮或資訊辨別？（若是這樣，哪種資訊辨別？）是在於行動發生時當事人是否有意識到嗎？還是說要看當事人是否發自內心想要該行動發生？（若是這樣，怎樣算發自內心？）或者說，總體而言，是要看上述某些條件的組合？這些答案看起來都有自己的道理，或許保持中立才是最理性的選擇？

第二個定義
若你出於自由意志行事，代表你當初可以不這樣做。
照這說法，我們同樣有自由意志。當然，或許我們對於「當初可以怎樣做」的一般理解根本就是錯的。（為什麼我們會有這種常

識性看法？畢竟，我們**幹嘛**在乎「如果實際上發生的事情不一樣」會怎樣？）不過如果我們暫時接受這種理解，就能注意到，很多情況下我們其實「當初可以不這樣做」。今天早上我穿了灰上衣，但我當初其實可以改穿黑的、紅的或其他任何顏色。這說法其實不只適用於人類的行動。昨天有下雨，沒很大，當初有可能下更大。我擲了一枚硬幣，反面朝上，但當初它也有可能正面朝上。

　　若我們當初不可能做出不同行動，那要嘛天氣、硬幣、其他自然現象沒有被決定，我們的行動卻被某種方式決定了，要嘛我們對於「事情當初可以是怎樣」的理解整個是錯的。這樣一來，這說法看起來實在沒什麼前景。

第三個定義
若你有自由意志，表示你的行動沒被來自環境和身體的物理法則給決定。

　　照這說法，既然我們的身體服膺物理法則，表示我們沒有自由意志。但話說回來，為什麼有人會**想要**他的身體能違反物理法則（我懂有些人想要能飛或幹嘛的，但我們現在又不是在講那種酷東西）？

 但不是有人說什麼量子力學什麼的嗎？

　　沒錯，或許這個世界裡並不是所有事情都被物理法則決定。但是，就算物理法則只決定事情發生的機率，而不是直接決定什麼情況會有什麼結果，在這種情況下，你的行動跟物理法則的關係，也不會超過石頭之類無生命物體的「行動」跟物理法則的關係。如果

或然性的物理法則不會讓石頭有自由意志，那憑什麼讓你有？

第四個定義

能讓別人合理要求我們為自己行動負道德責任的那東西，就是自由意志。

照這想法，人類有自由意志，因為確實有時候我們能合理要求別人為自己的行動負道德責任。譴責別人、讚美別人，我們隨時都在往別人身上訴諸責任。如果要說這種做法整體而言無法帶來好結果，那也太扯了。不過，在我看來，當我們愈強調人類行為背後的物理或生物成因，我們也愈傾向於把壞行為的問題看成一種「工程問題」。在這種情況下，比起訴諸道德責任，我們轉而藉由教育、說服、治療來改善這些行為。如果到了某個境界，我們把世界上所有壞行為都看成工程問題，不再用道德責任來應對，那根據第四種定義，我們確實失去了自由意志。不過，這會是壞事嗎？

我們真能認識腦殼外面的世界嗎？

　　話說，你怎麼會覺得你認識腦殼**裡面**的世界？現在，試著用力回想一下你小時候家門口的樣子。你能在腦中重現多少東西的樣貌？裡面有哪幾種顏色？能細節到什麼程度？如果你跟我一樣，會覺得這實在太難了。你甚至可能會開始懷疑：比起眼前的世界，我真的有比較掌握自己內在的世界嗎？要了解眼前的世界，真的只有感官的問題需要克服嗎？

　　讓我們暫時假設，當下經驗裡真的有一些你可以完全確定的東西。例如說，你現在的視覺經驗裡呈現了一個頁面，上面有一些字跡。你已經擁有關於這份視覺經驗的知識，進一步你該怎麼做，才能從中得到關於外在世界的知識？你的視覺經驗從何而來？照我們的理解，光得先打在頁面上，反射到你的瞳孔，導致眼睛裡的細胞發送電子訊號到神經系統。不過，有沒有可能其實根本不是這樣？如果這些都是你的幻覺呢？或者，如果你其實是夢到自己在讀書呢？最後，有沒有可能，你感受到的一切經驗，都是瘋狂科學家刺激你的大腦所產生的？

嗯嗯，或許吧！這些可能的選項，都跟你從過去到現在的經驗一致，所以無法確切排除。

　　不過就算無法排除，至少根據那些從感官得來的證據，還是可以說你平常對世界的理解是合理的。簡單來說，我們可以訴諸最佳解釋來找到答案。（請注意，我說的是訴諸解釋（**ab**duction）不是訴諸劫持（ab**du**ction），犯罪永遠無法解決哲學問題。）你在邏輯課學到的那種推論叫「演繹」（deduction）：蘇格拉底是人，所有人都會死，所以蘇格拉底會死。演繹論證的特色是，結論講的東西不會比所有前提加起來更多。另一方面，我們從統計和機率相關課程學到的推論叫做「歸納」（induction）：在這隨機樣本裡，成人平均身高是一百七十公分，所以普遍來說，成人平均身高差不多是一百七十公分。在歸納論證裡，結論講的東西可以比所有前提加起來還要多，但結論討論的概念跟前提必須是同一種。從關於身高的前提，就只能推論出關於身高的結論。

　　訴諸最佳解釋推論跟上面兩種推論都不同。我還小的時候，搬進了我大哥以前的房間。整理東西的時候，我看到衣櫃裡有一行字，用紅蠟筆寫的：仲恩去死～這行字哪來的？若考慮所有邏輯可能性，當然**也是有可能**是我媽寫的。但問題是，很多線索看起來不是這樣，像是：我媽不會要我去死、我媽不會寫錯我名字、筆跡看起來不像我媽的，而且就算回到九〇年代，我媽也早就錯過用蠟筆畫牆壁的年紀了。相較之下，更好的解釋應該是，那是我哥某天生氣寫的。你很容易想到其他訴諸最佳解釋推論的例子。怎麼知道昨天晚上有下雨？因為路面濕答答的。怎麼知道某人想要引起我注意？因為他在叫我名字。怎麼知道比起地球，金星距離太陽更近？這可以從金星的盈虧推論出來。跟歸納和演繹都不同，訴諸最佳解

釋讓你可以推論出跟前提討論的概念不一樣的結論。

我們從感官經驗取得證據，這也包括了別人跟我們分享的經驗和想法。不管我們如何詮釋這些證據，最佳解釋應該都是：外在世界多多少少是真實存在，就算我當下沒感知到的部分也是。所以，為什麼我會感覺到視覺經驗裡有個筆電在桌上？為什麼當我感覺自己打了什麼字，那些字就會出現在螢幕？為什麼當我感覺自己詢問隔壁的人桌上到底有沒有電腦（在家請勿嘗試），他們都會說有？這些所有線索，我們**當然**都可以解釋成是幻覺、夢境，或邪惡科學家的計畫。但是這些解釋都比不上最自然的解釋：我真的在用筆電打字。

 不過，一個解釋要怎樣才會比另一個「更好」？

相關考量其實很多種。例如，可以看哪個解釋比較簡單、哪個解釋並非獨獨為了眼前情況特製（ad hoc-ness）、哪個解釋有更大應用範圍，以及哪個解釋讓我們不需要修改太多信念。在筆電是否存在的問題上，最自然的解釋在上述四個考量上都會勝過懷疑論的解釋。

 但如果是真正哈扣（hard-core）的懷疑論者，認為沒有人知道任何事、沒有人有理由相信任何事，他們會買這個單嗎？還是他們會乾脆問：「幹嘛相信訴諸最佳解釋推論？」

這涉及很大的爭論。不過我們可以先注意一件事，討論到這

裡，我們面對的已經不再是「我們真能認識腦殼外面的世界嗎？」這個問題，而是「要怎樣才能說服哈扣懷疑論者？」或「我怎麼知道訴諸最佳解釋推論是好推論？」就算無法拿來回答後兩個問題，訴諸最佳解釋依然可以是第一個問題的好答案。

有天一對母女經過攤位，小女生看起來只有五歲。媽媽問她有沒有什麼問題想要問，她問：「我怎麼知道我是真的？」我們其中一個哲學家回答：「妳先閉上眼睛……妳還在這嗎？好，那妳是真的。」媽媽帶著小孩匆匆上路。往火車站的路上，小女孩一邊走，一邊撮著領頭。

若全球暖化是真的，我是否不該生小孩？

　　這問題滿難的。若要完整回答，會包含關於經驗和價值的一系列雜七雜八問題，像是：地球暖化後的日子過起來如何？平均來說一個人一輩子會對暖化造成多少影響？家長需要為小孩負哪些責任？我們到底為什麼想要生小孩？已經存在的人和未來可能存在的人之間有哪些道德差異？道德上該如何評估領養這種行為？面對集體行為的後果，每個人要擔多少責任？「道德允許，但不理想」的行為，和「道德不允許」的行為之間，該如何區分？問題太多了，我們恐怕無法在這全盤討論。

　　不過，全球暖化之所以會讓我們對生育有顧慮，一個主要理由是我們都認為暖化後的日子會比我們現在過的還要糟糕許多。若它真的糟到不值得過，該怎麼辦？

　　想想看，我們怎麼判斷一段日子值得過？最簡單的方法，就是去找那些活著的人，問他們是否認為自己的日子值得過。若排除那些虛弱痛苦，身體狀況已經無法回復的臨終病人，我們或許可以說，多數認為自己的日子不值得過的人，恐怕是因為心理狀況影響

了價值判斷。（這說法看起來有點循環，但其實不是。因為除了問人是否覺得自己的日子值得過，我們還有其他獨立的方法可以檢驗他的心理狀況。）

　　不過，我們的判斷真的準嗎？有很多因素可能導致偏誤（bias），讓我們高估目前生活值得過的程度。例如，我們可能對回憶有所篩選，我們害怕死亡，我們難以想像完全不同的生活。若要避開這些偏誤，或許我們可以換這個問法：你是否有過一段日子，糟糕到你寧願直接跳過它？或者，我們可以效法心理學上的經驗抽樣（experience sampling），在隨機的時間點對人做問卷調查，請他們從一到七分評價那個時刻自己的生活：你對生活感到有多少熱情？你對生活滿意的程度如何？生活讓你感覺有多放鬆？……。我不確定，不過我猜想，真的覺得自己的日子差到**那種**地步的人，或者說平均給分低於四分的人，應該會低於百分之五。當然，上述這些完全**還沒**考慮全球暖化的效果。但想想看，不管全球暖化有多糟，總體而言，它會糟糕到讓人類對生活的平均滿意度下降到低於上述那百分之五嗎？或許真的會，不過至少在日子糟到那種地步之前，都還是值得過的。

　　最後，不管怎樣，想要小孩的人都應該用領養的。*

 作者註 ＊ 引用這說法的時候請不要tag我。

有個人跟我們分享，她最近讀到關於黑猩猩有道德信念的研究，她覺得這沒什麼大不了的，她在農場長大，認為大部分農場動物都有道德信念。我問她：「那在有道德信念的動物裡面，最笨的是哪種動物？」她說是人類。

大腦是如何產生意識經驗的？

說實在的，沒人知道。我們知道這問題沒人知道，是因為目前說明大腦如何產生意識經驗的各種理論，它們連哪些生物有意識經驗都沒共識。除非你已經預設了某些理論成立，否則無法說明哪些理論比較合理。所以目前我們沒辦法完整回答這問題。

不過呢，我們至少可以有一些進展。一種推進討論的方式，是了解我們自己到底有哪些經驗，以及它們是什麼樣子。我們可以重複測驗，來了解哪種人比較容易有心理學家說的「不注意視盲」（inattentional blindness）[1]。或者也可以藉由一些精心設計的視覺錯覺實驗，來檢驗人掌握外在世界資訊的極限。這些測驗都有助於我們了解自己對經驗的描述有多準確。

另一種推進討論的方式，是搞清楚「意識」這個概念到底是什

 譯註 1　「不注意視盲」的有名實驗是讓一堆人互相傳一顆球，受試者的任務是計算球被傳了幾次，在實驗途中會有個人穿著大猩猩服裝穿過人群，而多數受試者不會發現。

麼意思。我們有時候會用「意識」來談對道德或者對重要政治立場的看法。但在這裡的脈絡下，「意識」有另一些意思。我們至少可以在三種意義上談意識：生物（creature）、狀態（state）和感質（qualitative）。當生物有**生物意識**，指的是它清醒著，沒睡著也沒昏迷。有些心靈狀態（mental state），當事人不需要透過推論，只需要透過感覺，就可以知道它們存在，像是恐懼、希望、相信、癢。這些心靈狀態會被稱為**狀態意識**。如果你有**感質意識**，代表你有感覺、能從內在感受到經驗的川流。這三種意識不見得同時出現。例如說，身上只有三百多個神經元的秀麗隱桿線蟲（nematode C. elegans），依循獨特的睡眠週期過日子。秀麗隱桿線蟲當然有生物意識，但我很難想像它們有狀態意識或內在感受。另一種情況是，有人把你頭上嗡嗡作響的冷氣關上，你鬆了一口氣，這才發現自己剛才一直因為冷氣噪音焦躁不安。所以，並非你的全部內在感受，都由狀態意識構成。

大腦如何產生生物意識和狀態意識？這個問題很難回答，但並非不可能回答。不管如何，我們多少有些方法可以藉由行為或心理來測試一般成年人類是否擁有這些狀態。大腦如何產生感質意識？這就更難回答了，因為我們沒辦法測試人類的內在感受。雖然如此，我們還是可以注意一件事：「哲學家主張科學不可能回答某問題，然後某天某個『膽大妄為』的年輕科學家跳出來打他臉。」這種事情在科學史上滿地都是。

我幹嘛關心這個？

　　我們有辦法找到不容置疑的事實，來證明你必須關心某件特定的事情嗎？大概沒辦法。不過好消息是：你其實沒得選。如果你曾經為什麼事情感到生氣、悲傷、高興或驕傲，那就代表你關心那件事。你沒辦法讓自己不去感受，所以你沒辦法讓自己不關心。不過你倒是可以做到這個：讓自己的關心展現得更好，例如讓自己獲得資訊、充分反思、內在一致地去關心事情。例如說，或許你過去很關心自己支持的隊伍是否打贏比賽，隨著你對這項運動愈來愈了解，卻愈來愈對隊伍和運動本身失去興趣。又例如說，可能你本來不怎麼關心政治，但當你了解時事和歷史之後，態度開始轉變。若一個人打從一開始就對事情完全無感，光靠思辨衡量（reasoning），無法讓他改變。不過幸運的是，每個人多少都會有些自己關心的事情。思辨衡量可以協助我們可以用更一致、更經過反思的方式去對待我們關心之事。至少這是我們能做到的。

不過這樣是不是有點慘？如果我之所以關心某件事情，純粹只是因為一些和我有關的初始條件「迫使」我成為會關心這種事情的人，那這種關心有什麼意義？

　　無法從純粹的事實去證明某件事情值得關心，我們當然**可以**為此感到不爽。不過這個實際的處境，恐怕無法合理化這種不爽的感覺。

　　以我自己為例。我不時被恐慌淹沒，這世界許多超乎我控制的事物都讓我害怕，像是我自己終有一死，而且我愛的人也是；像是太陽的超新星爆炸；像是宇宙星系之間漸行漸遠，更不用提有人跟我說這宇宙總有一天會止於熱寂（heat death）。這些感受很難關掉，事實上我覺得自己不太可能真的擺脫它們。但另一方面我也覺得，承擔它們的影響，才是面對那些相關事物的**正確**方式。若沒有絲毫恐慌害怕，似乎不能說我真的領會了自己面前那些事物的重要性。知道了這些事之後，我更能面對和處理恐慌。情緒有合理不合理可言，但是沒有對錯可言。若你特別關心如何避免自己犯錯，現在應該可以鬆一口氣了。

最棒的政府是哪種政府？

　　如同大部分的哲學問題，這問題有點模糊。你可以用很多性質來替政府歸類，它們可能彼此相容，也可能毫無干係。但或許下面這個答案有機會令人滿意。

　　我是個社會主義者（socialist）。對我來說，社會主義的意思是：我們應該用更集體、更民主的方式去決定如何擁有和運用目前很多視為私人財產的東西。當然，這個描述很不具體，不過在這裡我恐怕也無法交代所有細節，像是：我們該如何達致目標？（藉由勞工運動嗎？還是選舉？或者暴力抗爭？）「集體」要由哪些人構成？（勞工嗎？或者市民？政府？聯邦？世界政府？）要採用哪種民主形式？（代議制嗎？還是其他更強調參與的形式？）去運用哪些私人財產？（個別企業？整個產業？或者整個經濟體系？）

　　為何社會主義值得支持？我認為最有說服力的論證是下面這些：

論證一：不平等
在資本主義底下，私人單位透過市場交換來提供產品和服務，

而這種做法造就了劇烈的不平等。你可能認為這種不公平本身就是壞事（intrinsically bad），不過我認為這情況之所以不好，是因為它帶來浪費和宰制（domination）。在不平等的世界裡，有些人擁有自己用不到的物資，而需要物資的人則口袋空空，這是一種浪費。在不平等的世界裡，超級有錢人可以影響社會運作的規則，讓事情朝他們喜歡的方向發展，這是一種宰制。

我們可以換個方向想這件事。基本上，當社會把某個東西丟給市場處理，這等於是在說社會認為就算窮人沒這東西可用也無所謂。[*] 當然，這社會已經決定人不能因為貧窮而失去某些東西，像是道路使用權、郵寄服務和國民教育，但這樣就夠了嗎？當人因為貧窮而沒東西吃、沒地方住、沒衣服穿、沒廁所可以用，或者失去醫療服務、網路和高等教育，你覺得行嗎？至少我是覺得不行。

論證二：全球暖化

資本主義需要常態成長，而常態成長意味著持續使用能源和自然資源。我們的環境終究會承受不起。

當然，並不是所有種類的社會主義都具備永續性（environmentally sustainable），你可以看看委內瑞拉或挪威。但如果我們想避開氣候變遷導致的生存危機，我們的政治經濟系統就不

 對，美國這裡採用混合經濟（mixed economy），負擔不起特定物資的人，可以經過資產調查（means-tested）來獲得政府補貼，或者申請公營住宅這樣的公共服務。然而那些需要資產調查的服務，通常都因為污名化，而有不穩定和經費不足的問題，你可以比較一下發食物券給窮人和社會保險之間的差別。

能建立在持續增長（perpetual growth）上。

論證三：市場的限制

自亞當斯密開始，古典派經濟學家描述自由市場像雙隱形的手，能讓每個人僅僅出於私欲而做出有利於其他人的事。就拿iPhone來說好了。蘋果公司出於私欲想要賺錢，而他們賺錢的方法，就是持續開發新的iPhone，這些iPhone好用又有酷炫功能，而且價錢不會嚇走太多客人。相對地，蘋果公司的客人出於私欲想要這些酷東西，而他們付的錢支持蘋果繼續開發，雙贏！（對，簡單起見，上述說法省略了製造iPhone的勞工們的工作條件，以及iPhone消耗的稀缺礦產資源。）替市場辯護的人，常訴諸上述這種隱形之手的運作。

問題是隱形之手並不是在所有條件下、所有種類的市場上都能順利運作。市場可能受壟斷（monopolies），可能有獨占集團（cartels），買家和賣家可能資訊不對等。市場有時候讓我們面臨公地悲劇（tragedies of the commons）、帶來負面外部性（negative externalities），或者不恰當地涉及公共財（public goods）。市場讓人可以尋租（rent seeking）♦或靠裙帶關係（cronyism）不當得利。同時，市場不但允許計畫性報廢（planned obsolescence），有時候甚至替人們製造欲望去消費。考慮上述，或許你會同意這個市場需要的不是改善或修補，而是被另一個東西取代。

♦（編註）個別人士透過政治上的影響力，來壟斷或管制以獲得超額利潤，其中往往涉及貪汙索賄。

論證四：自動化（automation）

超讚的！現在的機器和機器人可以幫我們做那些沒人想做的無腦工作。問題是人們反而害怕自己因此丟工作。歷史上，新技術或機器取代人工的問題已經不是第一次出現，但我認為現在該反思一下這種焦慮背後的荒謬了。機器人搶走你的工作，這之所以糟糕，只是因為目前的制度讓機器人的產值私有化，而不是回歸公共。

論證五：勞動力配置（labor allocation）

只要在中大型企業做過事，你就會知道有些職位根本沒道理存在。之所以會有這些職位，一部分是因為，有些經理人認為解決問題的方法是雇用更多經理人。另外一部分則是因為，若一個職位已經出現，就很難消失。人類學家格雷伯（David Graeber）已經指出，許多人認為**他們的職位**根本不該存在，像是電話行銷員、債務交易員和債務催收員，以及根本不需要祕書和助理的人的祕書和助理。

相對地，只要認真想想就會發現，有些工作很重要，目前的人力卻不夠。像是研究環保的培植肉（clean meat）、流行病、人類的各種生存危機、碳捕集（carbon capture）、再生能源、全球健康問題的低成本解決方案等等。這些研究工作的資金多半來自私人慈善捐助和公家資源。想想看，假設有兩份醫學研究計畫，一份針對瘧疾這樣的窮人病，另一份針對高血壓這樣的富人病。你覺得哪個比較容易得到財源支持？有些工作計畫在市場上得不到支持，因為它們無法帶來短期收益，或者違背了超級有錢人的利益。若政治經濟系統不像現在這樣把有錢人的利益放在首位，它就會更支持上面這些工作，帶來更好的世界，此外，當今有些工作過於低薪但又至關

重要，像是社工、居家服務員（home attendants）、清潔工、農場工人、倉儲人員、托育人員等等。針對這些工作，我們也可以建立跟上述類似的論證。

論證六：道德離題

許多早期支持者相信自由市場能讓社會更平等。這些信念其實有點道理，因為：（1）自由市場挑戰了當時社會不平等的主要源頭，包括封建財產制和行會壟斷。（2）那時工業革命尚未發生，所以這些早期支持者對工作的想像是，大家要嘛是自雇者，要嘛遲早會變成自雇者。

後來發生的事情大家都知道了：資本主義根本沒達成這些目標。然而，我們不但沒有打造一個更好的政治經濟制度，去解決資本主義沒解決的問題，反而開始轉移焦點。例如主張貢獻愈多就該拿愈多、社會該給能力好的人管理的功績主義（meritocracy）、政府干涉是壞事等等，資本主義沒解決人們希望解決的問題，反而促使人們製造出一堆支持資本主義的理由。是時候停下來想想了。

其他社會議題

很多時候，就算一個社會問題本身跟經濟沒直接關係，它也可能因為資本主義而變得更嚴重，像是工廠化農場經營（factory farming）、戰爭、歧視殘障人士的健全主義（ableism）、種族歧視、警察暴力（police brutality）、性別暴力、女性從公共生活中被排除等等。相對而言，社會主義不是這些問題的萬靈丹，但卻是解決方案的關鍵要素。

有一次，三個男孩來到攤位上。他們把思想實驗碗翻了個遍，跟我們七嘴八舌地講這講那。過了差不多十五分鐘，我們其中一個哲學家問他們說，他們自己有沒有問題想要問。當中看起來最大的男生神情緊繃起來，他頓了頓才開口說：「我不確定這算不算哲學問題。」「沒關係呀，討論看看。」「那……最棒的政府是哪種政府？」說出來不怕記者抄，這是政治哲學最基礎的問題，而且，當然算是哲學問題。

色彩是主觀的嗎？

　　「主觀」的意思很難捉摸。這詞至少有兩種意義：一種跟知識和推論有關，第二種則是關於東西為什麼會是它們現在的樣子。例如，假設就連資訊充分且講道理的人，對於一個東西是什麼顏色都無法達成共識，那麼這就代表顏色在第一種意義下是主觀的。又例如，假設東西本身其實沒顏色可言，而是相對於不同的人呈現出不同顏色，那麼這就代表顏色在第二個意義下是主觀的。在第二種意義下，顏色是主觀的，就像說現在是幾點幾分，以及說什麼在什麼左邊。沒有單純的十一點十一分這回事，永遠要看是**在**這個還是那個時區的十一點十一分；也沒有單純的「在左邊」這回事，而是某個東西是在**相對於**某個視角的左邊。如果顏色在上述意義下是主觀的，那當我們說某個東西是紅色、粉紅色或紫色，我們其實不是在談那個東西，而是在談我們自己。

　　（離題一下：在哲學裡，上面第一種主觀也被稱為知識論上的主觀，「知識論」〔epistemology〕這個詞來自古希臘，意思就是知識；而上面第二種主觀則被稱為形上學上的主觀，「形上學」

〔metaphysics〕主要關於這個世界真正的樣子，而不只是關注我們如何理解或談論世界。考慮到這兩種主觀很容易搞混，當我們看到一群聰明人無法取得共識，可能就不會太快下定論，說他們各自的主張是在談論他們自己，而不是談論這個世界。）

冒著老哏風險，我想來談談之前很紅的那件裙子。雖然當你讀到這段的時候，這個迷因已經過時已久（願它安息）。有一張照片，光線打得很怪，導致有人會把照片中的裙子看成藍色和黑色，有人則看成白色和金色。有些人可以轉換「觀點」，一下子看成藍色和黑色，一下子看成白色和金色，但大多數的人無法。最終結果揭曉，大家發現那件裙子**確實是**藍色和黑色，也就是說，有人在不同的光照下親眼看過那件裙子，而且都同意它是藍色和黑色。但在這消息傳開之後，還是有些人堅持圖片裡的裙子是白色和金色。如果你一方面知道那件裙子是藍色跟黑色，但一方面又堅持它是白色和金色，那最好的解釋就是，你的意思是說它**對你來說**是白色和金色。但若是這樣，你的意見跟那些認為裙子是藍色和黑色的人其實沒衝突。這種情況就像是兩個人分坐餐桌兩邊，一個說沙拉在義大利麵左邊，一個說沙拉在義大利麵右邊。這兩人之間並沒有意見衝突，因為他們談的其實是自己的視角。同樣道理，有時候我們所判斷的顏色，在形上學上是主觀的。

但也有時候不是。在我們發現那件裙子是藍色和黑色之前，很多人認為裙子是白色和金色，而且那些主張並不只是在描述那張圖片**對他們來說**看起來是什麼樣子。那些主張想說的是，如果你真的把那件裙子放在不同的光照下檢視，你會同意它是白色和金色的。當然，這種說法後來被證明是錯的，而這些人也修正了看法。從上述例子可以看出，有時候我們關於顏色的判斷並不是在討論自己的

視角，也並非形上學上主觀的。

好吧，但是就算那裙子真的是藍色跟黑色好了，它之所以會是藍色跟黑色，最終也是取決於人類的視覺經驗。物體確實有顏色，但它們之所以有顏色，至少部分來說，也是來自我們以特定方式去經驗這些物體。如果沒人真的看過顏色，那東西就不會有所謂藍色黑色，或者白色金色可言。因此，顏色可以說是只存在於我們腦子裡，或者是因為我們的腦子才存在。當我說顏色是主觀的，就是這個意思。

　　或許吧，但我們幹嘛這樣想？在這裡，我們可以拿形狀來跟顏色比較看看。我們的視角以及光照方式，會改變物體看起來的形狀。人類對形狀的感知，就跟對顏色的感知一樣，會因為各種原因而有所改變。（跟大家分享我最愛的案例：凹臉錯覺〔the convex face illusion〕，這個錯覺裡面的臉有時候看起來是從那個平面往外凸，有時候是從那個平面往內凹。）我們今天當然可以很快地下定論說，顏色是存在於我們腦子裡的，但問題是，我卻很少看到有人這樣講形狀。

　　顏色和形狀之間有個差異值得注意。現代物理學習慣用形狀描述世界上的東西。不過，想想那些我們稱為紅色的東西，像是紅酒（顏色其實跟葡萄汁一樣）、紅西瓜（只有裡面是紅色）、紅蘋果（只有外面是紅色）、視覺區域裡我們看起來是紅色的那一區（這根本就不是物理上存在的東西）、畫作上的一抹紅色（同樣的一抹東西放在其他顏色旁邊，看起來可能會是橘色或棕色）之類的。這些

東西在物理上並沒有什麼共同之處。某個東西為什麼看起來是特定顏色？物理學家會說這是因為它會「反射特定頻率光線」，但他們不會說這是因為這東西「本身就是紅的」或者「本身就是綠的」。物理學家要說明事情，根本不需要提及顏色。

　　當然，物理學家要說明事情，也不需要提及椅子。這並不代表椅子僅僅存在於我們腦子裡，不是嗎？

時間旅行有可能辦到嗎？

　　這不只是有可能而已，已經有人辦到了。首先，讓兩個準確的時鐘同步。把其中一個放在地球上，另一個隨飛機飛行。過了一段時間，飛機降落後，你會發現飛機上時鐘顯示的時間比另一個時鐘早了一點點。理論上，如果這架飛機的速度接近光速，飛機上時鐘顯示的時刻會比另一個時鐘早**很多**。若有人在這近光速的飛機上待一年，地球上的日子可能已經過了好幾年。物理學家把這種情況叫做「時間膨脹」（time dilation）。

　　時間膨脹很酷，不過好像跟我們想的不太一樣。若這算是一種時間旅行，也只是**前往未來**。當我們搭上近光速飛機來進行這種時間旅行，如果不考慮到地球上有些人明顯比我們慢，我們做的事情跟平常過的普通日子根本沒差別。大部分關於時間旅行的想像，想像的都是**回到過去**（backward）的旅行。所以，我們有可能回到過去嗎？

　　有個著名論證認為答案是「不可能」，而且並不是基於物理原則或技術限制而做不到，而是在概念和邏輯上做不到。這個論證就

是「祖父悖論」（grandfather paradox）。如果我可以回到過去，我就可以殺掉我祖父。但我不可能殺掉我祖父，因為如果我這樣做，我就不會出生，更不可能動手殺掉我祖父。所以，我不可能回到過去。

這論證看起來滿有道理的，不過它有些前提不見得為真。例如，或許我可以回到過去，但我不能做出會促發悖論的行為？或許整個時間橡樹枝一樣分岔，當我回到過去殺了我祖父，這並不會影響我自己的出生，但會阻止**那個時間線分枝上**的我出生。又或許，整個時間會一再迴圈，當我回到過去殺掉祖父，這使得包含我出生事件的迴圈不會**再度**出現，但無法改變我已經出生過一次的事實。你也可以想想看其他可能性。

在攤位上，我們討論過另一個相近的問題。有個朋友很好奇反向時間旅行的問題。我們花了一點時間討論祖父悖論，不過沒有什麼結論。我問他，到底他為什麼會想要回到過去。他的回答相當熟悉：想要更正過去的錯誤、重新對一些事情擁有初次體驗等等。但若我們談的是向前的時間旅行呢？讓人更快抵達未來，這有什麼意義？這位朋友的回答很有啟發性。他說，若一個人向前時間旅行，他會比其他人更不在意當下那些短暫的事物。若你經歷的時間跨度愈大，你的眼光會愈廣，對每個瞬間的在意程度會愈低。（想想看，就算不論時間旅行，一般人正常地逐年老去，是否有也同樣的效果？還是說，我們的老去跟時間之間的關係並非如此？）這位朋友指出，這樣的人可望協助社會做出更好的政治決策。

令人意外，這可以是個支持老人政治（gerontocracy）的好論證。雖然我們沒真的回答，可能也無法回答這位朋友對向後時間旅行的問題，但討論依然有收穫。哲學問題之間總是能產生關聯。

人性本惡或本善？

或許兩者都有一點？人類天生有傾向去行善。例如孟子說過「今人乍見孺子將入於井，皆有怵惕惻隱之心」，認為多數人會不假思索，直接救下小孩。也就是說，除非你天生有某種心理病態（psychopath），否則你得要**特別學習**，才有辦法不去救小孩。若某個行善傾向幾乎普世皆有，它就更可能是天生的。你可以自行發想其他例子，像是我們會安慰哭泣的人、會照顧小孩、會想辦法彼此合作共同生活。

然而，人類天生也有傾向去做壞事。想一想那些因為枝微末節的教義爭論而分裂的基督宗教團體，就知道人類會因為一己之見而分裂為好幾群，並冷酷殘忍對待其他群的人。若你長得好看、長得像我、跟我在接近的年代和地理位置長大，那我就會比較關心你，比較不關心其他人。*（舉例來說，如果未來三十年之內出生的那些人現在也參與投票，我相信我們的環境政策不會是現在這樣。）相較之下，我們對於統計描述的結果和大規模的悲劇，反而比較漠不關心。我們經常偏袒現存的習俗和社會結構，即使它們違反正義，

有時候我們還是會想維繫。柏拉圖曾經問：如果你有一枚隱形戒指，你會做哪些事？如果你真的老實回答，我看答案裡大概多多少少會有一些見不得人的事情。也就是說，至少有某些見不得人的事情，你之所以不做，不是因為你不想做或認為不該做，而是因為你怕被人發現。

值得注意的是，在上述觀點底下，我把這個問題詮釋成在探問人類天生的行為傾向。也就是說：若其他條件保持不變，那我們會如何行動？然而，你也可以把它詮釋成在探問人類是否天生就是善的或惡的，以及是否會**維持**這些狀態。你甚至可以把這個問題詮釋成是在探問人類的本質（human nature）──不管這詞是什麼意思──或人類在內心深處到底是怎樣的東西。我不太確定這些問題有多重要。不過或許可以想想：我們一開始究竟為什麼會在乎人性是**本**惡或**本**善？

另一個值得探究的問題是，為什麼人類天生的傾向這麼不適應現代生活。或許這部分是因為，演化出這些傾向的環境跟現在很不一樣，當時的人類是一個個由獵人和採集者組成的小團體，必須在稀少的資源中求生。在史前，偏好長得好看的人跟長得像自己的

作者註　你可能會質疑說：比起離得遠的人，我們更關心身邊的人，這有什麼問題嗎？哲學家辛格（Peter Singer）曾提出一個有名的思想實驗。想像有個小孩在泥水窪裡快要溺死了。救小孩輕而易舉，但如此一來你的漂亮衣服就毀了。然而，如果這種情況下你還捨不得衣服，對許多人來說這簡直禽獸不如。為什麼我們會這樣想？一個很自然的說明是，如果只靠相較之下的小小犧牲（像是弄髒衣服）就能實現巨大善行（像是保住小孩性命），那你就該動手。然而，若我們同意這個原則，那需要拯救的人是在眼前還是在天邊，似乎並不重要，不是嗎？

人，或許能幫助一個人存活。但到了現代，這種偏好只會讓你變成爛人。在這意義上，問人性本善或本惡，其實是在問人類生活的史前環境和現代環境有多相似。若現代生活跟過去差距愈大，那我們就會發現愈多人性本惡的線索。但至少好處是，若你回到石器時代，會混得比較好。

有次擺攤，我們其中一個哲學家問了民眾那個隱形戒指的問題。那個人回答說，盲人不是就活在一個大家都隱形的世界嗎？至少盲人沒受到特別糟糕的對待，對嗎？這個發想方向對我來說既具體又有啟發性：你可以設想一些不同於現實的（counterfatual）情境，例如人如果可以隱形會變成怎樣？但說不定你根本不用費這功夫，因為「隱形的行為」在現實世界也滿地都是。

先有想法還是先有語言？

答案是先有想法。

看還不會說話的嬰兒什麼時候表現出驚訝的樣子，我們可以推測他們具有想法，具有關於這個世界的信念。下圖描繪了一個經典實驗[*]，讓嬰兒面對一個可以抬起的開合橋。一開始，開合橋會折

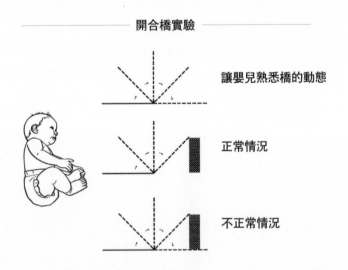

開合橋實驗

讓嬰兒熟悉橋的動態

正常情況

不正常情況

來問問哲學家

起又打開攤平好幾次，讓嬰兒習慣這些事情。再來，當開合橋完全折起時，研究人員當著嬰兒的面，在橋展開的路徑上放一個磚塊。

接下來，其中一組嬰兒會看到「正常情況」（possible event）：橋面打開，碰到磚塊。這時磚塊被橋面遮住，從嬰兒的角度看不見，不過橋面會停下，然後往回反折。一切都很正常，畢竟橋不可能**穿透**磚塊。

然而，另一組嬰兒看到的是「不正常情況」（impossible event）：橋面一樣打開，碰到磚塊。然而這次研究人員會偷偷把被橋面遮住的磚塊取走，讓橋面能完全攤平。「看！磚塊不見了！」更絕的是，當橋面往回反折，研究人員會再偷偷把磚塊放回去。「看！磚塊回來了！」

重點在於研究人員發現，比起「正常情況」組，「不正常情況」組的嬰兒會盯著橋面和磚塊，多看好幾秒鐘。為什麼會有這差異？最自然的解釋就是，嬰兒預期磚塊不會因為被橋面擋住而消失，但這預期沒成真。其他實驗也支持這個解釋，這些實驗包含其他種類的「不正常情況」，並使用其他方法來測量嬰兒的驚訝狀態，像是心跳、吸吮和微笑。參與這些實驗的嬰兒最小只有兩歲半（！）總之，「預期特定事情會發生」也算是一種信念，所以兩歲半的嬰兒就算不會說話，也可以擁有信念。

同樣的推論，也可以用於人類以外的動物。（這些動物可能有

芮妮・貝拉吉恩（Renee Baillargeon）、伊莉莎白・斯皮克（Elizabeth Spelke），以及史丹利・瓦瑟曼（Stanley Wasserman）共同發表的研究〈Object Permanence in Five-Month-Old Infants〉，*Cognition* 20, no. 3 (1985)。

各種訊息交流方式，但這些交流方式都不像人類語言，有複雜文法和高度表達力。）像我家的狗狗就具有信念。當我伴侶帶狗去散步，回來之後若沒看見我，狗會跑遍整間公寓，看起來就像是在找我一樣。對這種行為，最自然的解釋就是：狗預期他回家的時候我會在。狗狗也對其他事情有預期，像是他的餐點放在哪裡、去公園的路上商店裡會有什麼東西，以及當你說「來吃點心～」之後會發生什麼事。他是隻乖狗狗，但並不是什麼天賦異秉的狗。

　不過這些真的代表信念嗎？它們有沒有可能只是某種行為模式之類的？

　　簡單說就是，如果我們預設嬰兒和小狗具有信念，會更能簡單準確地預測和說明他們的一堆行為。所以我相信嬰兒和狗具有信念，就像我相信其他能協助我們預測和說明世界的事物，這些都是很合理的。

　　不過，就算不會說話的嬰兒和小狗可以擁有**一些**信念，這些信念往往也很簡陋，只是關於那些他們可以直接觀察到的東西。成年人類的信念複雜多了。這些信念可以關於久遠過去，也可以超乎我們的感知。例如說，我相信柏拉圖寫了《理想國》（*The Republic*）這本書，我相信電子帶負電，我相信二十七的立方根是三。或許並非不可能，但我們實在很難想像有任何不懂語言的心靈能擁有這些信念，這實在太難了。語言不但讓我們可以談論人，也讓我們可以談

作者註　我家狗狗的IG：@donteatscrapple
＊

論比原子更小的東西、數學函數，以及其他我們無法感知的東西。要是不靠語言，這些事情很難做到。

　　先有想法還是先有語言？這值得深思。思考哲學時，我們不時會「撞牆」，也就是遇見我們思考能力的極限。然而，我們怎麼知道自己是真的「撞牆」，或者只是一時沒想清楚？我不確定，不過如果這問題有答案，這答案應該取決於：語言究竟是如何協助和妨礙我們獲得新想法。

我們真的知道怎樣對自己最好嗎？

從某方向來說，我們算是很了解自己。包括我在內，世界上只有少數幾個人知道我的身分證字號、銀行存款、我現在有多餓、我早餐吃什麼、我今天要幹嘛等等。若排除Google跟那些從Google買到我個資的傢伙，關於我無時無刻位於何處，我是世界上僅有的權威。而且這些資訊並非毫無意義。很多事情都很重要，例如說搞清楚午餐要吃什麼。所以在某方向上，我們是自己的專家，知道什麼對自己最好。同樣的，某方向上，我們也是跟自己**相似**的人的專家，知道什麼對他們最好。然而，如果在討論議題的時候，你不考慮其他族群的意見，會因此錯過一些顧慮和洞見。例如，若一個疾病在女性身上有不同表現，就容易被誤診，因為醫療史上的研究者多半是男的，而實驗對象也是。所以，如果你想知道怎樣做會對某族群更好，或對他們所屬的群體更好，你應該直接問他們。

另一方面，心理學家和行為經濟學家幾十年來累積了如山的證據，顯示我們關於怎樣對自己最好的判斷，其實會受到一大堆無關因素的影響。例如說：只要看到「折扣中」我們就會買下照原價

不會買的東西，即便它們的價格其實一樣（太奸詐了！）把其實一樣的選項用「你會損失多少」跟「你會獲得多少」的方式描述，會讓我們做出不同選擇；我們會因為「反正錢都付了」而坐著看完不喜歡的電影；用現金絕對不會買的東西，若手上有信用卡，就不一樣了。判斷什麼對我們自己最好的時候，我們會系統性地犯錯（systematically mistakes），判斷什麼對「和我有類似社會處境的人」最好的時候，我們也會。馬克思（Karl Marx）把這種情況稱為「虛假意識」（false consciousness）。中世紀的農奴相信「溫柔的人必將承受地土」[1]，這當然有可能是因為這說法很有道理，但更有可能是因為對於領主來說這樣很方便。歷史上，許多黑人支持殖民非洲和跨洋奴隸交易，而他們都過得不錯。歷史學家法蘭克（Thomas Frank）在《What's the Matter with Kansas?》便指出，情緒化的文化戰爭議題常能誘使選民做出會犧牲他們經濟利益的選擇。整體來說，對於怎樣的社會結構真正會對自己最好，一般人的判斷很常出錯，尤其是當這些錯誤能讓有權勢的人獲得好處的時候。

所以現在究竟是什麼情況？我們當然可以下結論說：「對於怎樣對我們最好，我們有時候很懂，有時候不懂。」但這說法好像沒什麼意義。要能區分「真的對我好」和「看起來對我好」，我們恐怕得訴諸行為經濟學（behavioral economics）。然而，那些和我們有類似社會處境的人呢？我們能掌握怎樣對他們來說最好嗎？我們要怎麼區分，某個族群的人是對自身處境有獨特重要洞見，還是說他們只是困於虛假意識？我無法給一個明確的答案，只能說，無論

 譯註 1　〈馬太福音5：5〉。

什麼時候我們都可以**盡量留意**：人們之所以會提出一些異於我們的看法，是不是因為他們具備這類洞見，而我們看不到。若不想錯過這些洞見，我們就必須和不同群體討論他們認為怎樣會對他們最好，以及怎樣會對所有人最好。

有一次，一個有智能障礙的大人跟照顧他的人一起拜訪攤位。他探挖我們裝著哲學問題的碗，最後選出這個問題：「你最開心的一天是哪天？」我們稍微討論了一些相關東西，像是節慶、快樂跟特殊性之間的關聯，以及為什麼愉快的時刻通常都有其他人參與。這樣討論感覺很好，而且讓我有了新的體驗。人們有時會覺得，哲學不是一般人的活動，只屬於那些受過教育、能進行深度思考的人。這說法不但是錯的，還很危險。任何能反思自身經驗的人，都能做哲學。

死掉之後我能以靈魂什麼的形式繼續存在嗎？

　　不能。事實上，從你活著的每個片刻，我們都可以找到證據，顯示不管是經驗還是內在生活，所有心智活動都倚賴你物質上的身體。此外，神經科學（neuroscience）的穩定進展也提供我們同樣方向的證據。若神經系統無法正常運作，那構成你心智的所有程序都會一夕停擺。用哲學詞彙來說：心智隨附於（supervenes on）物質，任何心智層次的變化，必定是基於某些物質層次的變化。* 所以

作者註 * 　小小離題：這樣說其實不完全對。假設我是失智症中期的病患，但依然很熟悉自己的住家環境，煮飯、洗衣服等等都沒問題。我家人知道這些情況，並努力工作讓我能待在家裡。如果我一離開家，上述能力就會通通消失。照上面描述，我們可以說：要是我位於熟悉的環境，我就記得怎麼做家事，但要是環境換了，我就會記不起來，就算我的身體本身沒有任何變動。換句話說，我的心智狀態不只隨附於我的身體，也隨附於身體之外的物理環境。照哲學家慣用的說法，這時我的心智「延伸」（extended）到了環境當中。
這個延伸心智的想法很有趣，不過它並不會影響本文關於死後心智是否依然存在的觀點。

當你的身體消滅，心智就會失去隨附的基礎。這時便根本沒有心智可言＊。

當然，人們常說像是「你會活在人們心中」、「你的精神永存」這種話。這些句子能帶來安慰，但它們提供的恐怕不能算是永生的好選擇。¹

哭哭。不過這裡倒是可以提一個滿正面的現象。當人們發現自己終有一死，有時候就會對「哪些事情重要？」產生出乎意料的新看法。例如饒舌歌手納斯（Nas）說的：「一輩子孬然後死掉／還敢問我幹嘛嗑藥／命還剩下多少我怎麼會知道」（Life's a bitch and then you die / That's why we get high / Cause you never know when you're gonna go）。哲學家和心理學家雅斯培（Karl Jaspers）主張，我們應該關注體驗那些永恆的事物。中世紀基督徒主張，我們應該成為

作者註＊ 好啦，再離題一下：假設我大腿很痛，我想著：「完蛋，我大腿關節炎了！」到了診所，醫生跟我解釋說，關節炎只會發生在關節。但讓我們假設另一個可能的世界。在那個世界裡，我的整個人生都跟原版相同，唯一的差別是，對那裡的醫療社群來說，「關節炎」除了指稱關節的發炎，也同時指稱肌腱的發炎。於是，在那個可能世界裡，我想著：「完蛋，我大腿關節炎了！」但這次我沒弄錯。讓我們整理一下狀況：在這個版本裡，我的整個生命歷程和所有身體內在狀態都沒改變，唯一改變的是一個概念的意思。也就是說，我的思想不只隨附於我的身體，也隨附於專家社群，因為他們會決定某些概念是什麼意思。哲學家把這種情況稱為「語意遵循」（semantic deference）。

譯註¹ 導演伍迪‧艾倫（Woody Allen）曾說過類似的話：「我不想活在人們心中，我想活在我家公寓裡。」（I don't want to live on in the hearts of my countrymen; I want to live on in my apartment.）

更好的中世紀基督徒（不然咧？）在《十四行詩》裡，莎士比亞主張我們該成為更好的愛人。婚外情約會網站 Ashley Madison 則強調「人生雖然短，偷情不嫌晚」（Life is short. Have an affair.）。

　　從自身終有一死，不同人會得到不同的啟示。不過我認為它們背後有共通之處。永生不死很好，其實只要能多活幾輩子也夠棒了。而上述人士似乎是在藉此強調說，有某些好東西，它們的好，跟永生的好是很類似的：我們無法永生，但我們可以追求一些跟永生同樣值得追求之事。我無法判斷這些人的說法有幾分道理。不過顯然，意識和反思自己終有一死這件事，能協助凸顯我們珍視的價值。照哲學家盧坡（Steven Luper）的說法：「對死亡的不安，就是對生命的熱愛。」

科學跟宗教註定衝突嗎？

　　雖然很難分得清楚，不過這裡其實有兩個問題。首先是邏輯問題：科學信念和宗教信念之間在邏輯上能一致嗎？還是註定矛盾？或者，它們會影響彼此有道理的程度嗎？再來是實務問題：不管是以個人來看還是整體社會來看，宗教活動對科學來說是支持還是阻撓？

　　這兩個問題的答案都是：以上皆是。邏輯上來說，若我們右手拿著一組本身一致的科學信念，左手拿著一組本身一致的宗教信念，而這兩組信念使用的概念並不相同，那兩組信念之間就不會有衝突。* 所以，例如說，假設我的宗教信念只處理特定的道德和超自然概念，假設我的科學信念不處理這些概念。這時候，只要我的兩組概念各自沒有內在衝突，它們湊在一起也不會有衝突。生物

 作者註
　＊　Google「克雷格內插定理」（Craig's interpolation theorem）可以找到這個命題的證明。

學家古爾德（Stephen Jay Gould）說的「不相重疊的權威」（non-overlapping magisteria）也是類似意思。確實有些人以上述這種「井水不犯河水」的方式持有宗教信念，或者至少試圖這樣做。不過歷史上宗教信念被科學推翻的例子以及兩者衝突的例子，一樣不少。隨便翻閱懷特（A. D. White）的《基督教世界的宗教與科學戰爭》（*A History of the Warfare of Science with Theology in Christendom*），就可以發現人們在歷史上不同的時刻，曾基於宗教理由去相信種種違反科學的事情，包括：地球另一邊沒人居住、地球（特別是耶路撒冷）是宇宙的中心、每個物種都是上帝創造的、地球表面只有七分之一被水覆蓋、宇宙的壽命不到六千年、諾亞方舟故事裡的洪水造就了我們現在看到的那些化石。

有沒有可能，科學和宗教信念雖然沒矛盾，但多少會影響彼此？這個問題就比較微妙了。在過去，天文學家克卜勒（Johannes Kepler）發現太陽系其他行星就跟地球一樣擁有自己的衛星，當時克卜勒從一些宗教理由推測，這些行星應該也跟地球一樣有人居住。當然，現代有宗教信仰的人多半接受宇宙中其他天體並不像地球有多種生命棲息，但從克卜勒的推測，顯然可以看出有些宗教信念跟「宇宙廣邈，罕無人跡」的想法衝突。另一方面，宗教和科學有時候也會互相加成。在牛頓之前，許多科學家認為科學必須建立在機械論的說明上：以微小零件之間的運轉推拉，來說明萬物流變。這種「機械論哲學」（mechanical philosophy）之所以在當時流行，也跟那時候的神學想像脫不了關係：上帝創造世界，上好發條，然後放手讓世界開始運轉。在現代，心理學家則為佛教關於冥想和專注的訓練找到了佐證。（當然，有些人可能不覺得佛教算是宗教）總之，科學和宗教之間可以有各種關係，從完全的邏輯衝

突，到攜手共進的夥伴，端賴我們討論的脈絡和議題。

那麼，若先不談邏輯，科學和宗教在實務上相容嗎？得先說，其實許多人之所以從事科學，跟他們的虔誠信仰脫不了關係。例如說，像帕拉塞爾蘇斯（Paracelsus）這樣的近代物理學家，或者說「煉金術師」，在他們的著作裡，自然和超自然是很難區分清楚的。當時具有神學基礎的科學家，往往把科學研究當成一種「自然神學」（natural theology），期待藉由探索自然的規律，來了解神的心意。

當然，也有宗教勸退科學的例子。像是巴斯卡，他在改宗之後放棄了顯赫的科學和數學工作。要不是因為反科學的宗教宣傳，過去和現在的世界都會有更多科學家。在整個社會的層級，也有類似事情發生。例如，照社會學家莫頓（Robert Merton）的說法，新教傳統促成了近代英國實驗科學的進展，而天主教會對伽利略的迫害，則促成了日心說（heliocentrism）在非天主教國家的流行。當然，科學受到宗教機構或主流宗教思維壓迫的例子也很容易想見，例如當代美國的幹細胞研究。最後，或許你好奇的並不是歷史上出現過的那些科學是否跟宗教相容，而是當科學發展到**最真最完整**的地步時，它會不會跟你喜歡的宗教打架。這問題我恐怕就無法回答了，因為我沒有那麼懂科學，並且也沒有那麼懂你。不過到了這一點，或許你也可以反過來想想：為什麼你會**想要**有宗教信仰？

到底有沒有所謂客觀的真理？

　　當有人問這種問題，他心裡想的可能是好幾種東西。有時候他關注的不是真理（truth）而是信念，像是「到底有沒有什麼東西是放諸四海所有人都共同相信的？」或者「我們的信念是否都受到我們的社會處境和生命經驗『污染』，因此總有部分主觀？」相對地當發問者專注的不是信念而是真理，他想知道的可能是「有什麼事情是憑自己為真的嗎？還是說所有事情都是相對於個人、文化、概念觀之類的東西？」或者，他想知道的可能是「獨立於心靈的真理（mind-independent truths）存在嗎？還是說一個東西是否成立，總是取決於人怎麼思考和應對它？」以下，我們一個一個討論上述這些說法。

　　有沒有什麼東西是放諸四海所有人都共同相信的？老實說我不知道，不過我覺得這無所謂。就算某個人認為一加一等於三，這似乎也不會影響**我**該如何思考和行動。（哲學上有個問題叫做「系譜焦慮問題」〔the problem of genealogical anxiety〕，和這有點關聯而且更可怕。你有沒有想過：自己之所以持有特定的政治立場或科學

看法，這並不是你「獨立」思考並評估證據的結果，而純粹只是因為你剛好出生和成長在特定的時間和環境裡？系譜焦慮問題可能會讓你對自己過去持有的信念頓失信心，但這問題並不是來自於你發現**存在有**某個人想法跟你不同，而是來自於你發現：自己之所以持有目前的信念，其原因跟這些信念是否為真，其實無關。）

人的信念是否都受到我們的生命處境「污染」呢？這個問題也滿模糊的。當我們說信念受到污染，我們心裡想的可能有幾種情況：

- 該信念成立與否，會影響當事人的利益。
- 該信念是出於情緒。
- 該信念背後的證據無法被其他講理的人（reasonable people）接受。
- 那「信念」其實不是信念，而是情緒之類的態度。

照上面任一分類，你都可以發想出比較「不受污染」的信念例子，在這種情況下，你或許可以說它們就是在該分類底下相對客觀的信念。不過在這些討論背後，我覺得也有一個值得思考的問題：在什麼情況下我們會推崇這些「客觀」？我們的推崇**有道理嗎**？例如說，有時候你會想要跟沒有利益關係的人討論，來得到比較公平的諮詢意見。但有時候局內人反而會更了解情況。像預測市場（prediction markets）有時候就是這樣。總之，為什麼我們有時候喜歡客觀，有時候似乎又需要主觀？

有什麼事情是憑自己為真的嗎？還是說凡事都是相對於某個東西？要思考這問題，我們可以想想：哪些東西鐵定是相對的？

為什麼我們認為這些東西是相對的？例如說大家都會同意：東西在左邊還是在右邊，這是相對於觀看位置；而現在是幾點，則是相對於你位於什麼時區。就是因為這些東西是相對的，所以有時候會出現意見看起來不同的情況。假設我在布魯克林，回報說現在下午一點，我兄弟在加州，回報說現在是上午十點。如果你不了解現代人討論時刻的方式，可能會認為我們對時間有不同意見。當然，事實上並非如此，我們說的是同一個時間，我們看起來意見不同，但那只是表面。要說明這些事情，我們就需要相對性。另一種更微妙的相對性，來自愛因斯坦的相對論。根據這理論，「共時性」（simultaneity）是相對的，兩件事情可以相對於某個參考系（frame of reference）同時發生，相對於另一個參考系則是不同時發生。共時性是相對的，這說法所以被廣為接受，是因為它可以從相對論推論出來，而相對論受到很多證據支持。＊主要是說，相對論有許多

 作者註 ＊ 這裡我跳過了一個好玩的科學哲學問題。這個問題剛好也能協助我們思考科學的世界觀和常識之間是否相容的議題。在愛因斯坦之前，幾乎所有人都認為同時性是絕對的，不是相對的。然而，當愛因斯坦發掘出同時性不為人知的一面，他發掘的到底是什麼？愛因斯坦會說，他發現了同時性是相對於參考系，不是絕對的。但我們似乎也可以說，愛因斯坦發現的其實是：當初人們以為的絕對的同時性其實不存在，存在的是另外一種東西：相對的同時性（relativistic simultaneity）。我們甚至可以說，雖然愛因斯坦發現了相對的同時性這種現象，但兩個東西某意義上依然可以絕對同時，例如，它們有可能相對同時，並且基於同一組參考系。每當我們使用愛因斯坦的說法來討論，都預設了特定的詮釋。然而，我們是如何選擇這些詮釋的呢？（事實上，每當科學新發現導致我們得要修改自己對於世界的常識觀點，我們都可以問這個問題）負責任地說，其實我也不知道。

新奇令人驚訝的預測，而藉由科學實驗，這些預測多多少少都受到了印證。

所以，要知道某個東西是不是相對的，我們有兩個方法可以判斷。我們可以觀察它是否能說明某些表面上的意見不合，也可以考究它是不是某個相對性理論（relativistic theory）的理論結果。然而，這兩種方式都無法指出真理是相對的。首先，當一個人主張某件事，另一個人主張相反的東西，他們之間通常是真的有意見不合。再來，據我所知，也沒有任何理論既蘊含真理是相對的，又能做出種種新奇預測並受到實驗印證。所以在我看來，目前我們沒什麼理由支持真理的相對性。

那麼，獨立於心靈的真理呢？這種真理存在嗎？還是說一個東西是否成立，總是取決於人怎麼思考和應對它？首先，確實有**一些**真理並非獨立於心靈，而是仰賴心靈才得以存在。像是那些關於我們如何想和如何做的真理，例如我喜歡哲學、我早上帶著小狗散步……這類。更好玩的例子是人造物（social or artifactual kinds）：什麼是椅子、鈔票、紙鎮？什麼是圖書館？這些都倚賴人們有哪些想法、如何和物件互動。東西倚賴於心靈，有時候可能確實讓人擔憂。有沒有可能我們過去認為某事物是獨立成立，並不倚賴人的想法，但後來發現情況正好相反？事物的顏色是獨立成立的嗎？時間流動的方向是固定的嗎？更不用說，如果道德、性別、種族其實端賴我們怎麼想，那世界會有多亂？不過，這裡我們要面對的問題是：**是否所有**真理都不獨立於心靈，全都仰賴心靈？

我認為並不是這樣。若某個真理倚賴心靈，那如果心靈不存在，或者我們想的和做的跟現在完全不同，那這個真理的處境就會改變。舉個例子，假若「一大氣壓下，水在攝氏零度結凍」這個真

理倚賴心靈，那麼，如果人們對此事有不同想法或行動，或者如果根本沒人存在，那水的冰點就會改變。當然，你可能會說，如果我們對此事有不同看法或行動，那「水」這個詞可能指的是完全不同的東西，或者我們可能用不同的單位來量溫度。不過這些跟主題其實無關。不管我們是否用「水」來指稱水，不管我們用攝氏還是什麼其他單位來測量溫度，水在一大氣壓下都會在攝氏零度凍結，這個現象不但是在我們還沒理解水或溫度時就存在，甚至是在人類誕生前就存在了。（要是你不信，可以去查一下南極冰蓋存在多久了。）上面的例子證明了至少有一個真理不倚賴心靈。參考這做法，我相信你可以舉出更多例子。

　　總之，如果你心裡想的「客觀真理」符合上述任一項，那就沒什麼好擔心的。不過，我們當然還沒窮盡所有問題。當人們為「客觀真理」的存在而擔憂，這些擔憂跟一些哲學問題往往只差臨門一腳，像是前面提到的系譜焦慮問題，以及像是為何我們應該尊崇各種關於信念的客觀性？要怎樣才能確認某個東西是相對的？日常生活中，到底有多少事物其實倚賴我們的心靈？當你跟別人聊到客觀真理，我鄭重推薦你把話題引往上面這些重要而有趣的議題。

幸福到底是什麼？

　　先釐清一下，每個人用「幸福」（happiness）表達的東西可能各自不同。在這裡我把它當成某種**主觀福祉**（subjective well-being）的衡量：這種衡量的對象是人的內在心理狀態，當我們判斷一個人一輩子過得有多好，這些心理狀態就是當中一部分要素。當然，一個人過得好不好，也可能受到心靈外在的條件影響，像是身邊的人是否尊敬你。不過我在這裡用的「幸福」，並不包含這些外在條件。對我來說幸福指的是**建構出**福祉的那些心靈狀態，而不是和你的福祉相關，或者會促進福祉的心靈狀態。在紙上列出你感謝的事情，或許會令你感到幸福。就像擁有幾位至友能讓人感到幸福。這些事情會促發幸福，但它們並不是幸福本身。最後，當一個主體感到幸福，在這裡的意思是，他擁有**對他來說**良好的心理狀態。在東京踱步的哥吉拉可能覺得自己滿幸福的，但那些使得哥吉拉感到幸福的條件，對當地居民來說可能完全是另一回事。

　　上述討論讓問題更明確一些了，不過還沒給出答案。要回答問題，我們可以參考這四種理論：

- **快樂理論**（The Hedonic Theory）：幸福就是愉悅且不痛苦。
- **偏好理論**（The Preference Theory）：幸福就是實現欲望。
- **生活滿足理論**（The Life Satisfaction Theory）：幸福就是滿意自己過的日子。
- **情緒狀態理論**（The Emotional State Theory）：幸福是一組情緒和情緒傾向（emotional dispositions）。

　　對於哪種理論最能說明何謂幸福，我並沒有堅定的立場，不過目前比較傾向支持快樂理論的說法。首先，若不論其他條件，如果我的日子比你的愉悅，那相較之下我的日子對我來說滿好的，這種說法聽起來沒有什麼問題。再來，快樂理論可以回應其他理論遇到的重要反駁。

　　像是，偏好理論的一個問題是，就算欲望滿足，人們的生活也不見得會更好。因為他們可能會搞錯什麼東西有什麼效果。（我以為第五杯咖啡會讓我感覺好一點，沒想到……）同時，我們的欲望也可能是被某些直覺上跟日子過得好不好無關的因素訓練或操弄而來。這讓我們會想要參加社會上的競富比賽、在舊手機堪用的時候一直想要最新的等等。這類欲望也就是所謂的「內生偏好」（endogenous preferences）或「適應性偏好」（adaptive preferences）。＊ 就算你的

 有些哲學家試圖訴諸不同於現實的條件來排除無知、不理性的偏好，希望這樣能讓偏好理論更合理。例如，或許幸福並不端賴於你在現實生活中想要什麼，而是端賴於：假若你完全理性且擁有充分資訊，那你會希望自己在現實生活中想要什麼？但這種不同於現實的條件很奇怪，因為說不定我們根本就無從得知，這類超級理想化的你，究竟會想要現實的自己去想要些什麼。而且，這個回應也無法解決偏好理論遇到的下一個問題。

偏好沒有上述那些問題，它也可能不是關於你過得好不好，而是關於其他人過得好不好。像我會希望看到加拿大的識字率提高，但這只是因為這對加拿大人來說是好事，而不是因為這會讓我顯著過得更好。

像上面這些問題，對快樂理論來說就不構成威脅。例如，若其他條件不變，擁有愉悅經驗這件事本身就足以讓我過得更好，不管我有沒有搞錯這段愉悅經驗的其他效果都一樣。而且，當我想要某事物且能夠因此感到愉悅，就算這是訓練或操弄產生的，總體來說這種愉悅依然讓我過得更好。例如，就算我喜歡吃辣是因為從小開始吃辣，辣味帶來的開心依然是真的。並且，藉由判斷哪些偏好的滿足能帶來愉悅，我甚至可以判斷哪些偏好會讓**我**過得更好。

生活滿足理論也有自己的問題。若一個人對自己的生活很滿意，比其他人都滿意，這不見得是因為這個人過得特別好，也可能只是因為他對生活品質的期望很低。（假設某人的日子只有枯燥、痛苦和羞辱，但他認為這是自己活該，或者自己無法要求更多，那他或許會對自己的生活很滿意，但不會感到幸福。）而且我們通常無法完整注意發生在自己生活裡的所有事情。所以，若問自己對生命中某一刻有多滿意，答案常常只是取決於那一刻你注意的第一個滿意的經驗，其他相關經驗則被忽略。

然而，上述這些對快樂理論來說都不是問題。首先，人通常沒辦法僅僅藉由改變自己對生活品質的期望，來改變自己愉悅的程度。當然**確實**有些例外情況，人的期望真的會影響人有多愉悅、多痛苦。（像是，若你過度自信認為自己會得到工作，最後可能會加倍失望。）不過在這些情況下，不同期待帶來不同快樂程度本來就是合理的。再來，若我們想知道你對日子有多滿意，你需要做一個總體的複雜判斷，這判斷可能受到各種雜訊影響。然而，若我們想

知道你經驗了多少愉悅和痛苦，這並不關乎判斷，而是關於你**實際上**過得好不好，跟你怎麼想無關。

最後，關於情緒狀態理論，可以討論的東西也滿多的。照情緒狀態理論的說法，一個人有多幸福，並不取決於人對日子的期望或某種複雜的總體判斷，也不取決於那些可能出於誤導的偏好，或者你對於別人過得好不好的想望。而且我們很難否認，在其他條件不變下，有正面情緒相伴的生活總是比沒有的生活更好。然而，情緒狀態理論還是有自己的問題。這問題在於，構成好日子的成分當中，有一些並不是情緒。被踩上一腳可能會讓你生氣，但腳趾頭上的疼痛本身並不是情緒。性高潮可能會讓伴侶之間更親密，但性高潮本身並不是情緒，它跟受關懷和被愛的感覺並不相同。對於你的日子過得好不好，或許上述東西帶來的影響並不如其他情緒，但這些影響終究存在。

情緒狀態理論常用一種例子來支持自身：一個人起初極度沮喪，但後來設法用其他好玩和投入的事物轉移了自己的注意力。至少在後面這段時間，這種人過得確實算是快活，不過這算是幸福嗎？我並不否認這種狀況符合**某種**對幸福的理解。但我們還是應該會傾向於認為，如果某段日子有所缺憾或不明智，那就不能算是一段幸福的日子。而沮喪時只能用轉移注意力來改善情緒的生活，也的確有所缺憾。若一個人更直接面對沮喪的心情，長期看來，應該會更加幸福。而且「分心策略」也**不見得穩定長久**，只要片刻「分心失敗」，沮喪就會大舉反撲，你不會永遠走好運。不過，上述這些都跟我的基本想法沒有牴觸，在這個議題下，幸福的意思就是，你有很高的主觀福祉。

那麼，快樂主義自己有什麼問題呢？據我了解，有個問題在於

愉悅跟痛苦這些感覺不是只有一種。在大自然中散步、充分休息、暢快運動、學習好玩的東西、享受美食、聽笑話，這些經驗都算是愉悅，但它們之間真有什麼共通點嗎？不過，我不確定這問題是否真的嚴重。我們確實很難完整說明上述這些愉悅的經驗有什麼共通點，但它們至少在一件事情上相同，就是它們都是愉悅的經驗。有可能愉悅和痛苦本身就是那種極度異質（extremely heterogeneous）的東西，搞不好愉悅真的有很多種，而且它們之間無法比較。（想想看：若硬要比，一段超讚的笑點跟一段品質良好的小睡，它們之間的「匯率」應該是多少？）但就算彼此差異甚大，它們都構成幸福，這是沒問題的。

對於快樂主義，另一種反駁可能是：幸福對我們**很重要**，而愉悅相較之下好像不算什麼，因此幸福不會只靠愉悅構成，一定包含其他更多東西。不過在我看來，如果這說法對你有說服力，恐怕是因為你沒注意到愉悅可以有至關重要的一面。比如熱戀令人愉悅，克服萬難完成有意義的事情令人愉悅，參與一段私密且改變人生的深談，也令人愉悅。強調這些事情令人愉悅，這並不是在貶低它們，而是在提醒我們自己：愉悅並不只有「小確幸」。

有次我跟訪客聊到經驗機器（experience machine），假設你可以連上一個機器，從中獲得任何你想要的經驗。像是，如果你想要成為著名提琴家，機器就會給你如此的體驗。當然，這些經驗如假包換，但確實都只是幻覺，而且一旦接上機器，你就再也無法離開，得要一輩子活在這些幻覺當中。若不考慮你對現實世界的責任，你會選擇進入經驗機器嗎？（如果你不願意進去，是否代表對你來說，活得好不只是活得幸福？）

這位訪客拒絕進入經驗機器，並為此提出了一個好論證。要知道什麼會讓我們感到幸福，我們得嘗試新環境和新事物，看自己喜不喜歡。你到底喜歡什麼，這必須要你親自發現獲得。當你進入經驗機器體驗預先規劃的人生，你的體驗僅限於你已經發現的那些事物。如果經驗機器就只是這樣而已，那麼，為了這些體驗而犧牲發現更多酷東西的機會，好像不是很划算。

真的有「無意識」這回事嗎？

　　如果這問題是在問：是否有一些無意識的（unconscious）心理狀態，那答案應該是「有」。大致上，若一個心理狀態是無意識的，代表我們沒辦法藉由意識到它來獲知它。要認識無意識的心理狀態，我們只能藉由推論的方式來間接得知。在這種意義下，或許其實大部分的心理狀態都是無意識的。例如，假設有人拿著一張圖問你這是不是鳥，如果圖上是鴿子，你應該答得又快又肯定，如果圖上是鴕鳥，你可能答得慢一些。這是因為鴿子和我們對鳥類的刻板印象（stereotype）很相似，而鴕鳥就比較不像了。這裡的刻板印象就是一種心理狀態。但我們沒辦法直接意識到刻板印象，要知道自己有哪些刻板印象，只能觀察自己如何區辨東西，並從中間接推論。所以刻板印象不但是心理狀態，還是無意識的。

　　更有趣的例子：有些腦損傷病患只「看得見」一般人的一半的視野。如果你在他們看不見的那一半「盲區」（blind side）放一個東西，然後問他們眼前有什麼東西，這類盲視（blindsight）病患會認真回答說他們真的不知道。不過神奇的是，如果你硬要他們猜，

他們會猜得相當準。而且他們也會在行走時自動避開位於盲區的障礙物。所以，雖然這些人可以感知到位於他們盲區的東西，但他們必須透過觀察自己的行為並從中推論，才能得知自己有這些感知。（盲視也帶來一堆其他好玩的哲學問題，例如：當盲視病患像上述那樣間接推論得知面前有支筆，他們能算是知道面前有筆嗎？這些情況能讓我們多了解人認知世界的哪些面向？在盲視案例裡，無意識的視覺資訊依然可以用來做一些事情，但用途有限，這是否彰顯了意識本身的功能或價值？）

　　若有現代人懷疑無意識的心理狀態是否真的存在，我會猜他八成其實是在質疑特定的理論──佛洛伊德（Sigmund Freud）、你母親、口腔期 [1]……之類的。不過就在不久前，其實哲學家和心理學家還多半認為說，根據定義，只有能被意識到的東西才算是心理狀態。所以，雖然大部分哲學家和心理學家並不同意佛洛伊德對無意識的看法，不過我們可能還是得感謝他，讓無意識這東西在現代成為常識的一部分。但就跟很多常識一樣，人們其實不常看到「無意識」，而且一說起來就會覺得哪裡怪怪。「無意識」的運氣很好，後來被經驗證據證實存在，但我們似乎還是繼續養成好習慣，不要隨便相信那些沒有科學證據支持的常識說法比較好。

譯註
1

在這裡「口腔期」對應的原文是「potty training」（如廁訓練），佛洛伊德相信小孩學習如何控制排泄的階段對於心理有重大影響。不過如廁訓練在中文世界比較少人討論，我換成比較常見的「口腔期」。

某天幾個家庭帶著一群國小小朋友經過攤位，其中一個媽媽問他女兒有沒有什麼哲學問題想問。小女生開口了：「佛洛伊德跟榮格誰比較厲害？」結果，顯然這個小孩相當了解這兩位哲學家兼心理學家，並且對於我們如何了解夢境、夢境如何影響我們，有一大堆好玩的想法可以分享。不過我還是忍不住有點難過，連這個年紀的小孩，都已經把哲學問題理解成「關於哲學家的問題」。世上是有人在研究那些已經死掉的辟塵無敵大天才都說了什麼，也有人在研究別人都怎麼想。但我還是要跟你說，好好去思考你自己的想法比較重要，我認真的。

該怎麼應付二元論？

　　剛開始進行「來問問哲學家」擺攤的時候，我以為來訪的人多半會想要討論社會、政治哲學問題，以及他們自己的倫理議題。畢竟，你光是看新聞，或跟人接觸，都**必須**要面對這些哲學問題。不過後來發現我錯了。當人們一有機會傾吐腦子裡的怪奇想法，連再抽象、再理論、再不實際的問題都會一再出現。就好像他們隨時都在我們身邊一樣。你可以想像這個生動的畫面：大街上每個路人都煩心，因為他們腦子裡各自都有一些怪異、私密的問題。他們不知道的是，跟自己擦肩而過的其他人，其實心裡也在琢磨差不多的疑問。總之，連續兩週都有人在攤位問這個問題：該怎麼應付二元論（dualism）？

　　首先，這顯然要看你怎麼理解「二元論」。如果「二元論」指的是一種思考方式，傾向於認為事情總是可以分為非黑即白，兩邊互不重疊，整體窮盡一切的乾淨分類，那這種二元論思維的問題很明顯：它會讓人忽略微妙的灰色地帶。要應付這種二元論，我們可以把灰色地帶存在的可能性放在心上，注意事情的程度性、連續性

和微妙區分。又或者，有時候連這種程度性和連續性都不存在。就某些東西來說，說不定它無所謂好壞、無所謂健康或病態、無所謂心靈或物質、自然或人為、陰柔或陽剛，而且它也不屬於上述之間的任何位置。

不過我不覺得攤位上這些訪客擔心的是這種問題。對他們而言，「二元論」指的是認為事物有兩個部分，各自相異但又密不可分。這種想法可以化為有神論，認為神的存在是超越於世界，而不是在世界之中。或者也可以化為某種「海洋感覺」（oceanic feeling）◆，覺得自己與世界融為一體，物我界線變得人為、虛假，不如以前那樣明確重要。

要應付這種二元論，有幾種方法。古希臘時代，伊利亞學派（Eleatic）的哲學家認為，我們可以從純粹的思慮（pure reasoning）得知，事物之間的區分只是幻覺，整個世界看似包含萬物，但實際上只存在唯一一個永久不變的實體。在這一路說法裡，芝諾的運動悖論（Zeno's paradoxes of motion）是最有名的。照芝諾的說法，東西要從一個地方移動到另一個地方，得先移動一半路程，但要移動一半路程，就得先移動一半的一半……以此類推，東西必須移動無限組路程，才能抵達終點。然而，東西不可能移動無限組路程，所以結論是：東西不可能移動。

不過，除非你本來就相信這種論證的結論，否則很難被說服。

最早由羅曼‧羅蘭（Romain Rolland）創造出的詞彙，意為一種泯除內外界線的感受，羅蘭認為它是諸多宗教信仰的原動力。後來，佛洛伊德於著作《一個幻覺的未來》（*The Future of an Illusion*）、《文明及其不滿》（*Civilization and Its Discontents*）廣泛使用這個詞。

（提示：移動無限組路程不等於移動無限遠的距離。）我當然同意人類的常識裡難免包含互相矛盾的想法。＊不過至少，主張世界是由不同東西組成，這個想法在邏輯上並沒有什麼不一致之處。

　　另一種論證路線，是主張雖然世界上的東西各自不同，但這些東西都是某獨特事物的一部分，或奠基於它。這種想法很直接，例如隨便拿來兩個東西，你都可以把它們共同看成一個更大的東西，並且各自看成後者的一部分。這樣類推下去，你可以把整個宇宙看成一個巨大事物，所有其他東西都是這個宇宙的一部分。在這種看法底下，所有看似無關的事物之間都至少有一個關聯：它們都是宇宙這個巨大事物的一部分。

　　在十七世紀，哲學家斯賓諾莎（Baruch Spinoza）在《倫理學》（*Ethics*）裡進一步發展此想法，他的理論或許更能捕捉人們從神祕經驗當中體會的形上學洞見。（我是說，如果我對他的理解正確的話。）許多哲學家好奇世界的根本結構是什麼：構成真實的基本零件是什麼？這些零件如何組成我們熟悉的各種事物？然而，在這些討論裡，我們期待的「基本」是什麼意思？在過去（好啦，現在也有），有些哲學家把這種基本的零件稱為「實體」（substance），實體的特徵是能夠獨自存在，不倚靠其他東西。照斯賓諾莎的看法，世界上只存在有一個實體，你可以叫它「神」或「自然」或其他名字，都行。＊這個實體有一些性質，包括「思想」（Thought）和「展延」（Extension），或者也有人說是「心靈」（Mind）和「空間」（Space）。這些性質各自有很多種「模式」（modes），這些模式就是

 作者註　例如有句話說「人不可貌相」，但同時又有另一句「佛要金裝，人
　　＊　　要衣裝」。

日常生活中存在的那些事實。像是，照斯賓諾莎的說法，會怎麼解釋我長得很高這件事？答案大致是這樣：神展延出一個「伊恩很高」的模式。換句話說，神就是那個最根本的存在，而我們經驗到的日常生活，都是神的種種性質。在此我們姑且先不討論斯賓諾莎理論的好壞，至少他讓我們既得以描述那種萬物之間並不真有區分的感覺，同時又不需要放棄自己本來的世界觀：你不用掙扎於以奇怪的方式改變觀點，也不用擔心自己的觀點會超過人類認知的極限。

最後附帶一提，世界上的所有東西之間其實都多多少少有一種可以經驗得到的偶然關聯，例如說：地球上的所有東西，最初都來自宇宙中的群星（這樣說感覺實在是滿浪漫的）。所有生命都是倚賴其他數不盡的生命，才得以存活延續。無論是你、你的小狗，還是藍鯨，現今所有有胎盤的哺乳類，全都是大概在六千五百萬年前的某種動物演化出來的。人類建築用的一磚一瓦都來自大自然，而若不加以維持，花不了幾年的時間，又會歸於自然。你知道的每一件事幾乎都是從別人的言行舉止之中學來的。幾乎所有成年人，兒時都曾受惠於其他人類幾千小時的照顧。真要舉，還有數不盡的例子。我相信這些例子對你來說都不算什麼新鮮事。只是不知怎地，我們總是很容易忘記這些關聯。

 或許有些人會覺得斯賓諾莎的論證既複雜又有點牽強。但其實有一個簡單的方向可以用來探索這說法成立的可能性。如果有事物，那就會有「事物的總和」。所以沒有任何事物可以脫離「事物的總和」獨自存在。因此，我們可以說世界上有一個實體，也就是所有事物的總和。

其中一個提起二元論話題的朋友跟我們分享他對亞當和夏娃故事的理解，很酷。人們習慣把這故事理解成是在說人類的脆弱、負義或不受狀：夏娃不敵誘惑，吃了知善惡樹上的果實，還拖亞當下水。然而，這位朋友認為上面這個判斷並不完善。或許夏娃的錯誤並不是她沒成功抵抗蛇的誘騙，也不是她辜負了神的交代，而是她開始相信有所謂善與惡。或許善與惡之間這小小的二元區分，就是我們現在一堆麻煩事的濫觴。

這種「人之所以不完美，就是因為人相信了什麼」（the best lacking all conviction）的說法，並沒有真的說服我。1 不過它確實讓我對整個問題有新的了解。

 譯註 1　這裡作者引用葉慈〈The Second Coming〉裡的詩句片段「The best lack all conviction, while the worst / Are full of passionate intensity.」。

時間和空間是
客觀存在的嗎？

這真是大問題。

我們先照一般理解，把這問題想成是在問：時間跟空間是絕對的嗎？還是說是相對的？若要支持空間是絕對的，我們有老牌的牛頓說法。照這說法，存在有單一參考系或座標系（coordinate system），讓我們能得出每個東西的**真實**速率。在這個參考系裡，任何兩點之間的距離都相同。牛頓認為，掌握運動的本質，就是掌握這個參考系裡的東西如何隨時間改變位置。當然，上述座標系討論的空間，並非物質性的存在，空間的存在跟空間裡發生的事情沒有關係。你可以想像一個東西相對於座標系移動，但相對於其他東西則是靜止的。例如說，當整個宇宙裡的所有東西一起以時速一公里的速度移動，就會是這樣。

牛頓會相信這種絕對空間觀，部分來自於他有名的水桶實驗，這實驗你在家其實也可以做。（如右頁圖解）把水桶裝一半水，用繩子吊起。把水桶轉個幾圈，讓繩子稍微擰緊。穩住水桶，然後放開，讓繩子帶動水桶旋轉。一開始，水桶會轉得比裡面的水快，在

這時候水面會是平坦的。但不久之後水就會跟著開始旋轉，並且逐漸跟上水桶的轉速，同時水面中央也會凹陷下去。我們可以說，在上述情況裡，當水桶相對於水旋轉時，水面是平的；當水桶相對於水靜止時，水面是凹的。反過來說，當水相對於水桶旋轉時，水面的樣子照舊，而當水相對於水桶靜止時，水面的樣子就變了。牛頓認為，從上述現象我們可以推論說，不管促使水面凹陷的那種運動是什麼，該運動都不會是相對的，因此一定是絕對的，換句話說，在水桶實驗裡，水的旋轉是發生在一個絕對的空間裡。

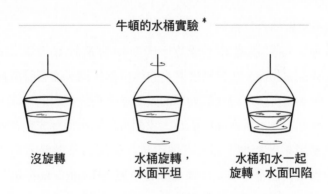

──── 牛頓的水桶實驗 * ────

沒旋轉　　　　水桶旋轉，　　　水桶和水一起
　　　　　　　水面平坦　　　　旋轉，水面凹陷

　　討論牛頓的理論是否成立，可以協助我們思考空間是否客觀真實。這個理論包含了好幾個互相關聯但又不同的主張，以下我們分開討論。

作者註
*
　這個實驗修改自 Jeroen van Engelshoven 的文章〈Study on Inertia as a Gravity Induced Property of Mass, in an Infinite Hubble Expanding Universe〉，刊載於《Advances in Mathematical Physics》（2013）。

- **特異性（Singularity）**：有一個參考系比其他參考系都更加基礎，這讓我們得以完成上述機制解釋。
- **永恆性（Eternity）**：有一個參考系使得空間中任何兩點之間的距離不管何時都相同。
- **優先性（Priority）**：物體在空間中的關係，是由這些物體的位置和速度決定，反之亦然。
- **實體論（Substantivalism）**：空間的存在是獨立的，不受發生在空間裡的事情所影響。

這些主張都合理嗎？

首先，特異性應該不成立，因為所有慣性參考系（inertial frames of reference）在說明事情上的地位都相同，沒有哪個特別優先。對於水桶實驗，現代最簡單的說明並不預設絕對的空間。這個說明大致上認為：當水面凹陷時，我們可以把水理解成是在任何一個慣性參考系裡旋轉。還有其他說法試圖指出某個參考系特別基礎，不過它們也都不成功。像是，勞侖茲（Hendrik Lorentz）曾建構一個理論，這個理論的預測跟愛因斯坦的相對論完全一樣，並且在乙太（luminiferous ether）存在的前提下，可以預設一個最基礎的參考系。然而這個理論的問題在於，我們一直找不到乙太這種東西。

永恆性也不成立，因為在廣義相對論底下，空間中兩點的距離會隨著空間的曲率（curvature of space）而改變，而曲率則是隨著宇宙裡物質的分布而改變。宇宙裡物質的分布會不斷變化，因此空間中兩點的距離也會隨時改變。

再來，輪到優先性了。有一種理解相對論的「相對主義」路

線，是先設置物體之間的空間關係，再藉此定義其他相關概念。但也有其他一些方法可以理解相對論，這些方法定義概念的方式不同，但在實驗結果上一模一樣。這些方法之間的差異，有點像是把「姊妹」定義成「女性手足」跟把「手足」定義成「姊妹或兄弟」之間的差異。我們該選哪種方法來理解相對論？其實很難選。至少目前並沒有科學共識指出哪種方法是對的，而我當然也無從置喙。

最後，我們來看看實體論。如果時間跟空間都是某個單一四維時空（a single four-dimensional space-time）的維度，那它們就無法脫離彼此而獨立存在。並且，如果時空的曲率取決於空間當中物體的分布，那時空的幾何性質就取決於時空裡有什麼東西。然而，時空也有可能擁有一些性質，這些性質並不取決於時空內部發生的事情。例如說，如果存在有非零的宇宙常數（nonzero cosmological constant），那就算宇宙裡面什麼都沒有，宇宙還是會逐漸擴張。總之，關於實體論該如何詮釋，目前還沒有明確的共識。不過**如果**我們把實體論理解成是在主張說，宇宙擁有的性質跟宇宙內部發生的事情無關，那麼實體論至少在理論上就可以受到經驗驗證。

謝謝你讀到這邊。我想我已經把這輩子學的物理都用完了。

「為什麼？」究竟是在問什麼？

　　當人們問：「為什麼？」很多時候是想要去除一些「雜音」。他們思考的過程中感覺有點不舒服，希望誰能舒緩這感覺，或至少說些什麼來轉移注意力。當然，總是有比「為什麼？」更明確的問法，不過要回答這樣的問法也可以。

　　這類問題的發問者追尋的答案，通常有幾種方向。他們有可能是在問，我們日常行為背後有哪些**合理的理由**。（為什麼早上要起床？）他們有可能是在問某些事物的**目的**或**意義**。（為什麼要活著？）不過上面這些你可能早就想過了，所以接下來我們聊聊比較少見但可能也很有趣的方向：面對「為什麼？」這種問題，怎樣的東西才能算是一個說明（explanation）？當我們問「為什麼？」，有時候我們並不是在尋求行為背後的合理理由，或者事物前方的目的，而是在為事物尋求一個說明。在這種時候，怎樣才算是成功提供了說明？*

　　對事物的說明能讓我們了解事情並做出新推論（novel inferences），當我們自己憑本事成功說明了事物，更能得到新的資

訊和技能。科學進展的一大部分，就在於打磨和測試對於事物的說明。由此看來，說明東西對人類來說顯然相當重要。然而，說明事物，跟純粹描述事物有什麼不同？跟預設事物又有什麼差異？畢竟人類能做出來的說明有很多種，要找到共通點並不容易。

關於說明，有一個理論相當有影響力，了解這個理論，知道它哪裡搞對哪裡搞錯，能協助我們進一步思考何謂說明。什麼是說明的本質？當我們說明事物，我們到底在幹嘛？在二十世紀，相關的哲學討論多半可以追溯到規律演繹理論（deductive-nomological theory）*。根據規律演繹理論，對某項事實進行說明，就是從一些自然律（laws of nature）和一些關於自然律可以如何適用的事實，把這項事實給演繹、推論出來。舉個例子，假設我在玩黑白版本的俄羅斯方塊，我想要知道某兩個方塊是互為鏡像，還是只是角度不同。我發現，如果兩個方塊的角度差九十度，而不是一百八十度，我就能更快辨別。為什麼會這樣？答案是這背後有個自然律：

小補充：不同的「為什麼？」問題，尋求的說明可能著重不同方向。特別是，這些問題常常（總是？）有所對比。借用哲學家利普頓（Peter Lipton）舉的例子，當兩個人問：為什麼樹葉十一月會變黃，他們心裡想的可能是不同問題，一個人想問「為什麼不是在一月？」，另一個人想問「為什麼不是變藍？」。因此，怎樣才算是有回答到問題，取決於我們到底想問什麼，而這些目標常常相當微妙，甚至直接預設在問題裡。

我來解釋一下「規律演繹」的意思。規律（nomological）就是指說它跟規則有關。而演繹論證（deductive argument）藉由讓前提邏輯上蘊含（entail）結論來做推論；換句話說，在一個成功的演繹論證裡，若前提為真，根據邏輯規則，結論就會為真。

當人嘗試確認某個形狀旋轉之後會不會變成另一個形狀，這個確認所需的時間，跟兩個形狀之間的角度差異成正比。規律演繹理論不只能交代對於事實的說明，也能交代對於自然律本身的說明。例如說，牛頓的重力與運動理論在太陽系範圍內十分準確，而廣義相對論可以說明為什麼會這樣。因為牛頓的理論是愛因斯坦理論在特定條件下的個例，如果你假設時空是扁平的並排除那些速度超級快的東西，或者如果你假設光速是無限大，就可以把前者從後者推論出來。有時候對於特定事實，我們有不止一個方式可以說明。規律演繹理論也可以說明為什麼會這樣：因為總是有複數方式能把特定事實從自然律推論出來。

在科學實作裡，描述和預測相對明確，說明的內涵則比較模糊，面對這樣的情況，規律演繹理論可以協助說明「融入」其他科學實作。像是，根據這理論，說明就是基於自然律做預測。只要假定自然律亙古不變，那麼，我們能做出哪些說明，我們就能做出哪些預測。我不喜歡神祕難解的東西，如果你跟我一樣，應該也會覺得規律演繹理論很有吸引力。

以上我試圖介紹規律演繹理論如何搞定**部分種類**的說明，並交代它在抽象理論層次上的一些優點。不過這個理論當然也有自身的侷限：

過於理想的前提

有些說明方式受到廣泛使用，但它們其實預設了我們明知不成立的前提。例如，我們會用波以耳定律（Boyle's law）來說明為什麼氣體受壓縮時壓力會增加。不過，波以耳定律其實只適用於「理想氣體」（ideal gases），而這種東西根本不存在。又例如，要解釋為什

麼特定性狀會在兔子族群裡散布開來的時候，生物學家使用的模型可能會預設兔子的族群是無限大。當然，或許這對規律演繹理論來說不是大問題。像是，我們或許可以增加前提，指出我們研究的氣體跟理想氣體足夠相似，或者指出我們使用的生物學模型有捕捉到兔子族群的相關性質。然而，這又產生了另一個問題。

自然律

　　自然律到底是什麼？一種常見說法是，自然律是那種在不同於現實的情況下依然能成立的普遍原則（universal generalizations）。例如說有個關於潮汐的定律是：給定地球表面特定的區域，此區域的潮汐在離月球最遠和最近的時候會漲到最高點。這定律在不同於現實的情況下依然會成立。就算某地區目前還沒有來到離月球最遠的位置，我們也可以斷定：**假若**它在該位置，就會漲潮到高點。讓我們比較另一個普遍原則：我的直系血親身高全都超過一百二。這個原則實際上成立，但在不同於現實的情況下就不見得了，像是假若我有了小寶寶之類。所以這個原則不是自然律。上面這種界定自然律的方式看起來很正常，不過其實有一些問題。首先，「不同於現實的情況」本身就是個模糊的概念。如果我們把這個概念放在科學說明定義當中的關鍵位置，那一般被認為最不模糊、精巧實際、數學般細緻的科學實作最終恐怕也會變得很模糊。再來，「不同於現實的情況」本身是在討論發生在**其他**可能世界（possible world）裡的事情。'但是想想看這些問題：我們世界裡的自然律長得怎樣？我們世界裡要用什麼說明什麼？為什麼這些明明只關乎我們世界的事情，還得取決於其他世界發生了什麼事？或許有辦法能避開這窘境，不過我們可能需要用其他方法來定義自然律。

說明的不對稱

讓我們回到月球和潮汐的例子。若我想知道「為什麼某地方現在正漲到最高潮?」只要我知道那地方目前距離月球最遠,再加上前述自然律,就可以完成說明。然而,若我想知道的是「為什麼某地方目前距離月球最遠呢?」只要我知道那地方目前漲到最高潮,再加上前述自然律(或許再加上「現在並不是該地距離月球的近點」),一樣可以完成說明,不過這顯然很荒謬。我們都同意月球的位置可以說明潮汐,但我們不會認為潮汐能說明月球的位置。這種不對稱,似乎跟因果關係的方向有關:來自月球的重力波,導致潮汐漲退。但反過來說,不管漲潮退潮,都不會對月球有什麼影響。

說明的相關性

讓我們繼續假定,自然律就是那種在不同於現實的情況下依然成立的普遍原則。現在考慮一個經典例子。假設我是生理男性,但我為了確保自己無論怎樣都不會懷孕,還是吃了一般女性用的避孕藥。這做法看起來很蠢,但其實跟一條自然律相符:只要是吃了女用避孕藥的生理男性,都不會懷孕。所以,我有了一個現成的說明,可以解釋為什麼我不會懷孕:只要是吃了女用避孕藥的生理男性,都不會懷孕,而我正好就是一個吃了女用避孕藥的生理男性。然而,明眼人都看得出來,我吃不吃女用避孕藥根本就沒差。就算

 「可能世界」指的是「這個現實世界的其他可能樣貌」。例如我們可以說,在另一個可能世界裡,你現在並沒有在讀這本書。值得注意的是,這裡講的是「可能樣貌」:你可能沒有看書,但不可能同時在看書又沒在看書。

來問問哲學家

沒吃，我也不會懷孕。顯然，如果要為事情提供正確的說明，我們得要區分出真正有關聯的東西。自然律跟從自然律推論出的東西不見得有關聯，這是個問題。

不用律則的說明

有時候我們不引用律則也能說明事情。花瓶為什麼破了？根本就不用引用什麼自然律，我只要說「我手滑了」就行。更重要的是，就算這時候我想要引用自然律，也不確定可以怎麼用。畢竟，並不是所有手滑落地的花瓶都會破，搞不好當中很多其實完好無缺。另一種情況是，我們有時候會用一些敘事方式來說明歷史事件。像是：德國輸了一戰，經濟蕭條，然後納粹就崛起了（稍微簡化一下）。但我們很難想像有什麼「歷史定律」涉及其中。戰敗國家經濟都會陷入蕭條嗎？經濟蕭條都會導致權威政治嗎？不一定吧。我們好像只能說，在歷史的某個點，一連串因果事件就這樣發生了。

沒說明力的說明

最後，若我們試圖說明數學事實，會產生一些好玩的問題。如果有所謂道德事實（moral fact），也會有這效果。數學定理（mathematical theorem）——或者說，那些能表示成普遍原則的數學定理——算是自然律嗎？如果算是的話，那我們就可以從自然律演繹出各種瑣碎無聊的數學事實。例如，為什麼 $1 + 1 = 2$ ？我們可以說，這是因為有條自然律是這樣的：$1 + 1 = 2 + 0$；而從中可以推論出 $1 + 1 = 2$。但這算哪門子回答？而且，就算我們只挑選部分公理（axiom）做為「數學律」，從這些律則演繹出的東西也不見得

都有說明力。例如，有時候我們會用電腦來運算一些新證明，而這些電腦有時候會算出像電話簿那麼厚，連數學家也讀不下去的證明（phonebook proofs）。就算這些證明都成立，恐怕也不會有人認為它們說明了什麼東西。我們期待數學證明讓我們**理解**眼前的數學事實，理解是一種心理狀態。然而，光是從自然律演繹出東西來，當然不保證能激發理解或其他任何心理狀態。

....

到底什麼是說明？或許有一天我們會找到能應對上述所有問題的大一統理論。也或許我們面對的不是一種說明而是好幾種說明，頂多只能分別各自了解。但不管怎樣，如果有一個令人滿意的關於說明的理論，這個理論應該要能解釋上述這些問題，包括為什麼我們會使用過於理想的前提來說明、自然律如何和待說明的事實產生關聯、說明的不對稱性該如何理解，以及說明和理解這種心理狀態有何關聯。既然你眼光好到挑了這本書來讀，一定也有本事挑戰上面這任務，加油！

有次一個小男孩問我們為什麼蘋果是紅色的。我當下想到先前一個生物學家跟我講過紅葉萵苣上面色素的事情，就照著跟他分享。講完之後，小男孩露出了「你矇脫不掉我」的微笑，開始問他真正想問的問題。

「為什麼？」

「為什麼會那樣？」

「到底為什麼？」

男孩的媽媽顯然早就經歷過這一切，在旁邊翻白眼。「人家已經跟你講答案了，你不能一直問為什麼！」

我們另一個哲學家即時來挑救，他稍微轉移話題，介紹了亞里斯多德的「四因說」，四種回答「為什麼？」的方法。這段讓我印象深刻。＊

差不多一小時後，幾個二十幾歲的年輕人上門來。他們先前就在附近徘徊，遠遠看著我們攤位。其中一個人開口了：「為什麼？」這次我早已做好準備，把主題換成討論說明的本質。

不管是小男孩還是年輕人，其實都有點惡作劇的意思。不過，偶爾一些友善的惡作劇，也能成為哲學對話的起點。

 作者註 ＊　如果你有興趣了解「四因說」：首先，質料因（material cause）是構成物體的材料。再來，據我所知，形式因（formal cause）是東西在萬物的分類當中的形式、原型（archetype），或者本質描述（description of the essence）。第三，動力因（efficient cause）是推動事物發展或促使事物存在的東西。最後，目的因（final cause）就是指事物發展或存在的最終目的。

我們沒法活在當下嗎？

退休生活怎樣才能過得有意義？

要養出善良的小孩，需要哪些條件？

如果做什麼都沒有用，那我們還可以做什麼？

是什麼造就性別歧視的語言？

跟窮國買東西，算是剝削他們的勞工嗎？

對自己無法控制的事情生氣，有什麼意義？

養魚當寵物OK嗎？

家中長輩終有一死，我該如何面對這件事？

什麼時候該信任專家？

若某人在酒吧請我喝一杯，
我是在因此欠了他什麼？

第 2 部
日常問題

該給遊民錢嗎？

愛到底是什麼？

性傾向是天生的嗎？

愛有合理不合理可言嗎？

「仕紳化」要怎樣才不會妨礙當地生活？

「男生」的本質是什麼？

怎樣才算是
有心理疾病？

愛到底是什麼？

　　很多人認為愛是一種情感（emotion）。不過很可惜這不大對。愛應該不是情感，因為愛通常比情感更持久。假設你愛某人，就算是在你睡著、你忙其他事、你生他的氣的這些時候，這份愛依然存在。但反過來說，如果你不會因為對方即將離去而焦慮、不會因為他們受苦而生氣、不會因為見到他而高興，你很難說你是真的愛他。如此一來我們似乎可以說，愛包含一種情感的傾向：若你愛某人，代表你傾向於在某些情況下，因他而有不同情感。

　　怎麼樣，覺得有點失望是嗎？當人們問：「愛到底是什麼？」通常他們期待得到一些**新奇**且**深奧**的答案。如果你問我的話 *，雖然「愛只是一堆跟情感有關的傾向」是事實，但也確實一點都不新奇，也不深奧。（或許這就是為什麼大家通常不太好意思告訴別人他認為愛是

 好啦，你沒真的跑來問我，但讀這本書也可以算是在問我。

什麼，哈。）

　　所以，這個關於愛的討論，還可以怎麼深挖呢？關於愛的哲學探究，確實有一個問法能引向有趣的答案，那就是關於情感理性（emotional rationality）的問題。所以，準備好囉～

愛有合理不合理可言嗎？

　　不管是情感本身，還是會促發情感的傾向（emotional dispositions），都有所謂適當不適當、合理不合理可言。如果有人因為你尊敬他而不爽、因為自己搞砸了而得意、明知道沒有任何危險卻感到害怕，你應該會覺得有什麼地方搞錯了，對吧？但仔細想想，這其實有點怪。信念和宣稱（statement）有所謂合理和不合理，因為我們需要用證據來判斷這些東西是否為真（truth）。然而，像是愛和憤怒這種東西，好像沒有所謂為不為真。[1]

　　要思考某個情感是否合理，一個方法是思考這個情感存在的**目的**。這種情感當初是怎麼演化出來的？後來又是如何受到我們個人成長和社會文化的影響，調整成現在這個樣子，好融入在我們的現

 可能有人會認為，愛和憤怒確實可以有真假：你可以假裝愛人，假裝對人憤怒。不過在這些情況下有真假的其實是我們的舉止，而不是愛和憤怒本身。我們表現出特定舉止來佯裝愛或憤怒，在這些情況下愛或憤怒並沒有真的出現。

代生活之中？考慮演化、個人成長和社會文化，若我們預期某個情感只會在特定情況下出現，那麼，當它在其他情況下出現，或許表示有哪裡出錯了。如此一來，「愛怎樣才算合理？」的問題，就可以理解成是在問：我們為什麼會演化出愛人的能力？這種能力如何受到文化和我們個人發展所形塑？以愛情（romantic love）來說，它的演化故事應該會跟擇偶和繁衍有關，而它的社會文化故事則會涉及像是：跟另一人一起過活，能為我們帶來哪些心理和經濟上的好處。這方面若想深入細挖，我們可能需要請教生物學家和人類學家。

　　當然，還有其他跟愛有關的哲學問題。像是：你怎麼知道你是什麼時候愛上一個人的？還有像是：愛情、對家人的愛、友愛、自愛（self-love）、對寵物的愛、對特定活動的愛，這些愛有什麼共通點？或者：我們有可能絲毫不受社會期待影響，完全自主的愛上某人嗎？若這種事情發生，會是什麼樣子？這種自主的愛，有特別值得追求的地方嗎？

性傾向是天生的嗎？

　　我有個老朋友，他很年輕的時候就知道自己是同志。大概七歲的時候，他跟家人去看《阿拉丁》，他發現自己對劇中英雄的反應，跟其他人不太一樣。他沒辦法把目光從阿拉丁身上移開。他不知道自己想要阿拉丁什麼，但他多多少少知道自己戀愛了。從此，他開始了身為同志的日子。

　　我朋友當然不是唯一的例子。很多男同志分享過他們小時候受到男人或男孩吸引的經驗。相對的，我相信也有不少女孩曾愛上《阿拉丁》裡的茉莉公主（Jasmine）。從這些例子，有些人會進一步主張說同性戀是天生的（但反過來說，我們就不太會討論一個異性戀是什麼時候發現自己是異性戀的）。

　　當然，我相信上述故事不但都是真的，而且對當事人來說相當重要，若他們寫自傳，大概都不會漏掉。然而我也認為我們對這些故事的詮釋不完全正確。在這些故事裡，人們發現他們喜歡**某個人**，而這人剛好和自己相同性別。然而，「同志」不只是喜歡相同性別者的人。粗略來說「同志」應該是指，在性方面只受到相同性

別吸引的人。現代人很習慣用性別來區分性傾向,而不是用「喜歡的性交方式」、「喜歡的體態」或其他東西來區分。然而,這種區分習慣其實相當晚近。舉例來說,古希臘社會習慣的區分方式是「在性方面比較主動」和「在性方面比較被動」。當古希臘人發現自己受同性別的人吸引,他不會把這個經驗理解成「我發現我是同志(或雙性戀)」。

當然,就算古時候的人不怎麼**思考或討論**同志,這並不代表同志在古代人群中的比例跟現代相比有什麼劇烈差異。但若是這樣,就有件事情很難解釋:如果一直有差不多固定比例的人類是同志,為什麼社會一直到這麼晚近,才發現這件事?畢竟人類很久以前就知道有同性性愛這回事。一個比較簡單的解釋是,人們與生俱來各式各樣的性傾向。我們生命中那些跟性有關的經驗和愉悅會進一步打磨這些傾向,最後以社會願意承認的方式將它們分類。假設某人與生俱來的性傾向,讓他喜歡在性方面扮演支配者(sexual domination),那麼當他看過各種A片、和伴侶嘗試不同的做愛方式,他會逐漸發現自己對性行為的口味,當他從社會上知道有個詞能描述有這種口味的人,而他也認同這個分類,然後……咻啪!一個S誕生了!當然,或許有些人是純粹天生只喜歡同性,跟經驗和社會分類什麼的都無關,但若是這樣,這種人的數量必須真的很少,才能說明為什麼他們千年以來沒怎麼被社會發現。更不用說,若性傾向是天生的,那同志的同卵雙胞胎也會是同志。然而卻不完全是這樣,儘管有證據指出性傾向有部分受到遺傳影響。綜上所述,大部分同志應該是在出生之後某個時間點成為同志的。

有些人可能會覺得這說法沒說服力,甚至很冒犯人。這是因為現代社會總是用特定框架去理解這個議題。社會一般認為,如果

你是同志，要嘛你天生是同志，要嘛你是選擇成為同志。說人可以選擇成為同志，這說法看起來有點傻，因為它是真的有點傻。想想看，我們連要不要喜歡某個特定的人都沒得選，更何況是選擇要不要喜歡一整個特定性別的人。再者，對於人的其他特質，我們通常都不會一口咬定它們**要不是**天生的，**就是**個人選擇的。假設某人是狗派而不是貓派，請問他是天生這樣，還是他選擇成為這樣？很明顯，都不是。首先，我們出生的時候根本連狗和貓是什麼都沒概念。再來，實在無法理解為什麼有人會自願當貓奴。

「男生」的本質是什麼？

　　這其實不是一個問題，而是一堆問題，而且都很難搞，包括：性別差異背後有什麼生物學基礎？在性別這方面，相關的社會認同是哪來的？我們是怎麼建立和形塑關於性別的角色和類別，讓它們在社會上通用，讓我們得以預期和評價人們的行為？我們是怎麼建立和形塑自己的性別認同，並以此為核心去思考和表達自我？最後，上述這些東西，是如何決定我們談性別的時候在談些什麼？

　　坦白說我不知道上面這些問題該怎麼回答，所以我決定回答一個比較簡單的問題。而這個問題，我相信跟當初攤位上那個人真正想問的東西應該很接近：跨性別的男生也算男生嗎？答案是：「算！」因為如果你不願意同意跨性別男生是男生，或者跨性別女生是女生，這實在是既小氣又殘忍。以跨性別男生來說，首先，他們想要被看做男生，而這樣做也很容易。如果別人不想要你用某種方式對待他，而對你來說這很容易做到，對其他人來說則不會有影響，那麼，若你依然堅持違反對方的意願，你就是個小氣又殘忍的人。之所以殘忍，是因為跨性別人士在社會上很容易遭到騷擾和歧

視，在職場、醫療方面也往往得不到公平待遇。跨性別的生活已經夠苦了，為什麼要雪上加霜？跨性別應該要跟其他人一樣，得到同等的基本關懷和自主尊重。

如果上述這些足夠說服人，那就太好了。不過我想事情沒這麼容易。所以接下來我們看看一些常見的質疑。

 可是「男生」就不是這個意思。

話說，你確定「男生」真的不是這個意思嗎（笑）？就算「男生」真的不是這個意思好了，詞彙的意思是會變的。如果某個詞彙現有的意思會讓很多人受傷害，這在我看起來是滿好的理由去改變它。

 但是跨性別是一種心理疾病。

你的生理性別是一個，你的性別認同是另一個，這算是心理疾病嗎？首先我們可以注意，跨性別並不是妄想症，因為他們沒有搞錯自己的生理性別。再來，怎樣算是心理疾病？一個常見的合理說法是，如果你的心智無法正常運作（mental dysfunction），而這造成傷害，那你就有心理疾病。在這理解上，跨性別本身並不是心理疾病，因為跨性別本身並不會造成傷害。當然，跨性別人士在變性（transitioning）之前通常滿痛苦的，不過這就是另外一個議題了。不管如何，如果你想主張跨性別是心理疾病，你的論證會需要建立在對於「心理疾病」的適切定義上，至少我是看不出來這種論證要怎麼做。

但是跨性別人士會對其他人造成傷害。他們會危及廁所之類的性別限定空間（gender-segregated spaces），而且他們會強化刻板印象，讓社會用本質論（essentialism）的方式去理解性別，讓人覺得「男生」就是該有什麼樣子；「女生」就是該有什麼樣子。

其實並沒證據指出，在性別限定空間裡，跨性別比順性別[1]造成更多傷害。這說法反過來的話倒是成立。想像一下，若一個長得像我這樣的跨性別男性走進女性專用的更衣間，然後開始脫衣服，在場的女性若感到不舒服，會是很合理的。

至於說，跨性別會不會強化性別刻板印象或本質論呢？我想答案是「有時候會」。假設有個跨性別男生說：「我一直都知道自己是男生。很小的時候我就喜歡玩具卡車跟玩具劍。」這種說法確實會加深刻板印象，讓社會認為有一些特性本質上是男生專屬。當然，很多跨性別人士並不會像上面那樣說話，不過我們可以姑且假設他們會。因為，就算他們會，那又怎樣？讓我們面對事實：社會上每天都有一堆人藉由言行強化性別刻板印象和性別本質論，而他們幾乎全都不是跨性別。甚至，就算跨性別做出這類舉止的頻率比順性別多得多好了，拒絕讓他們用他們喜歡的詞彙來指涉自己，又有什麼幫助呢？

給那些直接跳到結論的人：性和性別的形上學問題很艱難，但要讓跨性別過得更快樂很容易，只要對他們好一點就行。

 譯註1　若一個人是順性別，表示他的生理性別跟性別認同一樣，例如一個生理女性，認為自己是女性。

若某人在酒吧請我喝一杯，我是否因此欠了他什麼？

　　人們時常用一種「帳目」的觀念來理解道德，這讓我們很自然的說出「我們『虧欠』誰誰誰」、「坐牢的人正在『付出代價』」之類的話。這背後的想法是說，如果你傷害某人，那他們可以合理要求你償還：看是要處罰你，還是要你交出其他好處。當然，對方也可以選擇寬恕你，就像債主可以寬恕欠錢的人，免除他的債務。反過來說，若有人對你好，那你也虧欠他們，遲早得要以好處償還。總之，我們每人都有自己的「道德帳目」需要保持平衡。

　　假設在酒吧有人想要請你喝一杯，而你因此感覺自己應該要接受，或者接受之後應該要陪他說說話，這看起來就是上述這種「帳目」在起作用。不過我們應該謹慎看待這種用帳目來隱喻道德的思考方式，因為它有些地方太寬鬆，有些地方太嚴格。

　　帳目的隱喻太寬鬆，因為它似乎顯示只要自己造成的傷害跟好處能互相抵銷，我們就可以「收支平衡」。這要求也太低了吧。如果我們以高一點的標準要求自己，世界應該會變得更好。

　　同時，帳目的隱喻太嚴格，因為它讓別人可以任意為你製造道

德義務，這些義務有的很煩人，有的根本沒道理。例如，若股神巴菲特（Warren Buffett）純粹出於善意送我一百萬美元，我當然是會很感謝，但在這種情況下，除了償還他之外，我應該有更好的方式可以運用自己的時間和這筆錢才對。進一步說，難道我們得要同意，酒吧裡隨便一個空虛寂寞或色色的傢伙，只要口袋有個幾百塊閒錢，就可以讓你有道德義務陪他聊天嗎？這讓我想到那種老詐騙把戲，有人拿著酒瓶在街上撞到你，要你賠償摔破的酒錢。

在這些情況下如果你願意跟對方聊聊，那當然很好。不過，若你這樣做會鼓勵這位仁兄在將來重複使用同樣把戲，或者會讓你自己陷入危險，那就是另一回事了。（通常是男性做出這種事，對嗎？）總之，一件事情是好事，不代表我們有義務去做。不然的話，我們這輩子就不用做其他事了。

「仕紳化」要怎樣才不會妨礙當地生活？

　　我家巷口有一間小店名叫 Scoops，專賣純素天然（ital）^{* /}的餐點和冰淇淋。天氣好的時候，大家會在那附近溜達。從很久以前就是這個樣子。這裡本來比較多加勒比裔和非裔人口，不過最近有愈來愈多像我這樣的人搬進來，他們讓這一區的房價變高，也讓這一區有更多更昂貴的生活需求。所以，雖然 Scoops 的租約尚未到期，但房東不願意續約。很多人集合起來，希望保住 Scoops。他們發動請願，跟地主交涉，連地方新聞都做了報導。接下來會怎樣，我們還不知道。

　　這故事呈現了「仕紳化」（gentrification）的一些潛在害處，即使沒有窮盡。當社會變遷，較高收入者搬入本來老舊的區域，會導

大致上就是「拉斯塔法里教」（Rastafari）[/]那種。

拉斯塔法里教是源自於牙買加的黑人宗教運動，信仰者認為應該要吃天然、純淨、未加工且純植物性的食物。

致種種變動，而我們不見得每一項都喜歡。例如，老居民可能會被取代（不過這種事情有多常發生，社會學家還在爭論中），或可能買不起當地漲價之後的服務，而他們的歸屬感也可能下降。此外，社區的貧富差距可能會拉大，新舊住戶之間可能彼此仇視，特別是在新住戶報了幾次警之後。

這些問題多半沒法用個人行動解決。以個人來說，新住戶可以友善對待舊居民、在老商店買東西、刻意不選擇高價的房地產，除非你剛好是地主、開發商或房產投資人，否則能做的大概就這些了。不過若人們組織起來，就能做更多事。透過組織，我們可以協助請願、訴諸媒體，建立「救救Scoops」倡議。我們也可以成立當地居民的社團，參與當地社會運動，或者遊說議員或立委去改變關於房地產和租屋的法律。

在我看來，對仕紳化生氣，還不如對仕紳化背後的那些因素生氣。一個區域會仕紳化，這是因為政府和私人機構先撤資，造成地價貶值。而新居民會移入，說穿了，也是因為他們住不起其他地方。要控制房價，我們可以限制房地產投機買賣，也限制讓這些買賣有利可圖的高利率放貸；也可以開放低人口市郊的合法建設，同時注意這對窮人和勞動階級的影響；或者更好的做法可能是，規劃大量高品質公共住宅。要避免仕紳化造成損害，社會也可以更公平的補助各種在地公共服務。畢竟，在新開的咖啡店工作的刺青仔不是問題，上面這些才是。

該給遊民錢嗎？

　　如果這問題比較的是：要把錢自己花掉還是把錢給當地遊民，給遊民可能比較好。就算他們可能會把部分錢花在對自己有害的東西上，像是藥物和酒，但他們更可能把錢用來買一些你不缺的必需品。換句話說，錢在他們手上，比在你手上有用。

　　但全面來說，我們考慮的不只是要把錢自己花掉還是把錢給當地遊民。像是，對於要花多少錢做慈善，你心裡可能有個底，當你給遊民多一些，用於其他慈善的錢可能就會少一些。此外，心理學家說的「道德許可效應」（moral licensing）也可能會影響你，讓你在給了遊民錢之後，覺得自己比較不需要做其他善事。然而，若我們比較的是要把錢給當地遊民，還是用於其他慈善，後者其實是比較好的選擇。

　　例如瘧疾防治基金會（Against Malaria Foundation），這個組織在慈善機構研究裡的排名一直非常高。透過這個基金會，只要四·五美元的捐款，就可以讓疫區多一張殺蟲劑處理過的蚊帳，擋住攜帶瘧疾寄生蟲的蚊子。善舉（GiveWell）是個研究如何有效利他的組

織，根據善舉的統計，瘧疾防治基金會每得到十萬美元的捐款，就可以防止三十六個人死亡，換句話說，兩千七百七十八美元就可以讓一個人活著。（上述這還沒算進那些不至於死亡的瘧疾案例，以及讓人們免於瘧疾危害的後續益處。）比較一下，在收容所不足的時候，紐約市政府通常是直接讓遊民住旅館。[*]讓成年遊民住一年旅館，市政府要花差不多四萬美元。但就算改成租公寓給他們，一個月至少也要一千四百美元。若你有一筆錢，要救人生命並避免他們染上瘧疾，還是要讓人幾個月有地方住？哪個比較重要應該滿明顯的。

 比起給遊民錢，有更有效率的慈善做法，我了解。但是慈善不只是效率，對嗎？想像一下，如果我面前就有個無家可歸的人，希望我能幫助他。而且，比起對地球另一端的人，我們對自己住的地方難道不會更有責任嗎？

比起我們從未見過的人，我們確實會對面前的人的需求更有感。而我們基於互相幫助的精神（reciprocity），也確實會更想要回饋鄰里。然而，如果不加以注意，這些衝動可能會讓我們加重不正義。我們對鄰里的特殊責任愈重，我們這一區就會積累愈多資源。想想看，美國在教育方面的不平等，有多少是來自有錢家長總是捐

 作者註
[*] 我寫這篇文章的時候，政府正在調整取消這個政策。不過還是有許多方案在執行中。

錢給自己小孩念的學校？把錢給當地遊民，其實也是相同的事。

 也就是說，「做好事不如做對事」。

是的，不過我們可能得調整一下措辭，因為指責真誠的善心人士，對社會沒有什麼幫助。所以該怎麼說比較好？

「做好事，差一點，再加油！」

「千里善行始於足下，往這走 ☞」

「我看你是百年難得一見的行善奇才，這樣吧，我這裡有一本做好事祕笈……」

對自己無法控制的事情生氣，有什麼意義？

其實很多時候真的沒什麼意義。如果你因為火車誤點而生氣，這有點像是搬石頭砸自己的腳。誤點本身已經讓你有損失，其他條件相同的情況下，生氣會讓事情更糟，你無法控制火車，但有機會控制自己不要生氣。

不過，有時候對你無法控制的事情生氣，其實有其道理。

首先，或許你無法改變既定事實，但你可以防止未來發生類似的事情。假設我沒帶傘而淋了雨，為此稍微氣嘆嘆一下，當然無法改變全身濕答答的事實，但可能會讓我下次記得帶傘。

再來，對自己無法改變的事情生氣，有時候是自尊（self-respect）的表現。假設地方黑道不知怎地老是針對我，他們的威脅不至於危及生命，但也很煩人。假設黑道很強大，我無法應付，而且我也不想冒險找警察或其他人來對抗；在這種情況下，如果我對自己的處境沒有任何特別的感受，這代表什麼？我是受害人，陷於不正義的處境，無計可施，這當然**有可能**是代表我理解了這一切，並說服自己不要感到憤慨和羞恥。但也可能情況是，我沒有任何特別

的感受，因為我並不覺得自己的處境有什麼不好的，甚或我認為這些都是我活該。如果是這樣，那不是很糟嗎？這樣一來，我就像是個沒自尊的人，覺得自己不值得享有一般人類水準的福祉和生活。這裡我們談自尊，而作家詹姆斯・鮑德溫（James Baldwin）用的詞是「自愛」（self-love）。他曾描述自己的父親不再自愛，因此即便受糟蹋，也毫無怨懟。在我看來，當你受糟蹋，有所怨懟並感到受辱還是比較好的。這並不是因為怨懟和受辱本身有什麼價值，而是因為這顯示你至少還在乎你自己。

最後，情感有時候有深層社會意義。我們有各種情感和感覺，這讓我們能跟別人相處得更好。以此看來，當你對一件事情產生情感反應，這件事情是否處於**你自己**的控制範圍之內，有時候並不重要。假設你失戀了，不知道該怎麼辦，這時候讓朋友知道你有多難過或乾脆哭給他們看，能促使他們陪伴和安慰你，讓你感受到自己有人在意。面對自己無法控制的事情，我們依然會感到難過，這就是因為我們無法只靠自己面對一切。

最後我想說，這種「你應該控制情感」的說法，也可能來自某種對於男子氣概（macho）的追求。若你照著走，接下來或許就是高蛋白和飲食控制了。這種要人控制自己、控制周遭、控制一切的說法，值得我們警覺。總之謝謝你讀到這裡，我要再去哭濕一包衛生紙了。

家中長輩終有一死，我該如何面對這件事？

　　面對這問題，有些哲學家可能會想說服你說死亡不是壞事或不值得難過，因為：死掉的人其實也不會想要復活，或者死亡其實就像睡著，或者死掉之後的狀態其實就跟出生之前沒差別，或者要有新人出生就要有舊人死亡，或者對一定會發生的事情感到害怕沒意義，或者人其實有不滅的靈魂（不過這其實也不算是好事）。這篇文章不討論上面這些事情。

　　不過在我看來，確實有個想法在這可以幫上忙。這個想法涉及怎麼從你的人際關係牽連到人類生命有限這回事。首先，死亡是全有全無的事情，你要嘛存在要嘛不存在，沒有中間值。然而，讓我們想要繼續存活的那些**我們關心的**事物，並不是全有全無的。

　　用一些科幻思想實驗，可以更容易看出這一點。假設你要動一個手術，把腦子裡百分之一的神經系統換成某個陌生人的。假設如此一來，你有百分之一的記憶、個性、計畫、欲望、信念等等的東西會消失，然後被來自陌生人的相對應事物取代。面對這手術，你感覺如何？你可能會有點害怕或有點期待，但我想你應該不至於有

種**我要死了**的感覺。現在，我們稍微改變一下情況。如果你要更動的神經系統不是百分之一，而是二十五％、五十％、七十五％或者九十九％呢？隨著百分比愈來愈高，這個手術應該也會看起來愈來愈會「致你於死」。

不過，這其實就是光陰對我們做的事情，不是嗎？我們現在的自我，是從過去的自我到未來的自我漸變流程的一部分。每天我們身上都有老舊細胞被新細胞汰換。我們會放棄舊的信念，但也會獲得比較新、通常也比較好的信念。我們會忘記一些事情該怎麼做，但也會學到新的技能。我們會忘記過去，但也因此，我們能記得現在。若十五歲的我看到現在的我，他應該多少認得出來。但他應該也會對兩者的不同感到驚訝才對。因為**要是**他分不出來，那我也太失敗了！

總之，在我們關心的範圍內，不管是好是壞，小小的死亡其實持續不斷地在發生。死亡當然是壞事，不過死亡的那種壞並非前所未有，其實我們早就經歷過。當然，面對自己終有一死這件事，我們的態度遠不同於面對像是每天的微小改變這類事情，這些事情很容易接受，但死亡完全不是這樣。

所以，這些如何能幫助我們思考，該怎麼面對家中長輩終有一死這件事？首先，假設你的焦慮來自於你認為他們的死亡會為**他們**帶來前所未有的傷害，那麼，照著上述討論改變想法，應該也能舒緩焦慮。再來，既然你的親人就跟其他所有人一樣，每天都在變化，而死亡也是生命的變化之一，那麼，其實你早就開始準備面對他們的死亡這種變化了。長輩終有一死，這聽起來確實很可怕，但這是因為我們覺得死亡這種變化很特別，跟生命中其他我們遇過的變化都不一樣。不過，其實面對和處理這種變化，正是你一輩子一

直在做的事情。

這個問題在很多次詢攤中以各種形式重複出現。
第一次是在皇后區的農夫市集攤位上。我忘了那時候
我們是怎麼回答問問題的人，我的回應可能有些太輕
挑或不夠莊重，對方聽了非常生氣。他的母親剛過世，
我們對此真的無能為力。我想自己當時應該是想試著
牽起伊比鳩魯（Epicurus）和盧克萊修（Lucretius）
＊的說法，不過我肯定是搞砸了。若再有一次機會，我
希望能跟他分享這些事情，包括我們關心的事物並不
是全有全無、專注於生活的重要。我也想跟他分享關
於情感理性的思考，像在這種情況下，什麼情感反應
適切？讓情感反應在各種情況下適切的條件是哪裡來
的？當然，若你正因親人過世傷心，要討論這些東西
真的很難。也因此，在事情還沒來的時候想想這些事
情，會是好的選擇。

作者註＊　伊比鳩魯跟他的學生盧克萊修爭論，主張死亡不會為死者帶來傷
害。他們提了一些（好吧其實是很多）例子來支持這結論，當中最
有名的「沒有主體」論證（no-subject argument）是這樣的：如果
你活著，那你還沒死。若你死了，那你並不存在，如果你不存在，
沒東西能傷害你。所以不管你活著還是死了，死亡都無法傷害你。
你知道嗎？意第緒語（Yiddish）裡用於表示異教徒的詞，就是
「伊比鳩魯」（apikores）哦！

退休生活怎樣才能過得有意義?

　　雖然一個才三十三歲的人講這種話有點奇怪，不過這問題其實不難。退休之後，你還是可以為其他人做各種有意義的事情。你可以去慈善組織當志工、協助朋友渡過難關；如果你有錢，也可以把錢捐到它們該去的地方，總之，很多事情可以做。市場上很多工作的效果與其說是讓世界變好，不如說是讓雇主變有錢。如果你的工作也屬於這種，那你退休之後反而更有機會為其他人做有意義的事情。反過來說，假設你想為**自己**做些有意義的事情，或者規劃自我成長，退休之後也同樣有很多機會，你可以運動、旅遊、修課、學習技藝等等。

　　不過，假設你完全沒動力，或者沒有能力做這些事情，那上面這些答案實務上就沒什麼意義了。退休之後，可能會有一些因素讓你沒動力做事情。有些人之所以認同自己、覺得自己有價值，是來自他們的專業地位，或者來自於自己被上司、同事和客戶所需要。而且，若你非自願退休，可能因此憂鬱怨懟。再來，有些人過於害怕死亡，或者對自己變老這回事抱有很負面的態度，因而無法

花心思在其他事情上。也有些人從未養成好奇的習性或內在動機（intrinsic motivation）這類能讓你在早上出門的動力。最後，雖然有證據顯示社會往往低估了老人的「生產力」，但當你真的老了的時候，可能有很多事情你想為自己或別人做，但卻做不來。

對於這些情況，並沒有通用的哲學解答，畢竟它們也不全都是哲學方面的問題。不過哲學倒是可以幫忙整理伴隨著退休和變老經驗而出現的各種價值。這種時候可能很難避免以偏概全、總是得做點妥協，或者可能會把事情講得太美好，但對於那些感覺自己不被需要、不知道自己在世上還有什麼角色可以扮演，並因此掙扎受苦的人來說，這些整理或可幫上忙。

首先可以想一想：不管什麼時候，我們多多少少都必須靠別人才能過活。我們無法獨當一面生活，這其實是件好事，能帶來團結、同情和互助。然而，當我們還是身強體壯的成年人，我們容易感覺到別人依賴自己而不是我依賴他人，我們不容易意識到自己無法獨當一面生活的事實以及這事實背後的種種價值。考慮到這一點，就能發現退休和變老的價值，這些事情促使我們和我們身邊的人更珍視人們相互依賴的事實。而當我們距離大限愈來愈近，愈來愈了解自身的脆弱，這些依賴的真實內涵也愈顯清晰。若某人的死亡，或者某人生命有限這件事情讓我們感到難過，這通常不是基於他們對這社會的「經濟貢獻」。我們對別人來說重要，這不只是因為我們有份工作在身。

另一個可以思考的方向：哲學家兼心理學家雅斯培（Karl Jaspers）主張我們的世界觀（worldviews，在我的理解裡，這是指我們心裡最堅定、應用最廣泛的那組普遍性的信念和態度）是建立於「邊界」（limits），當我們認為某些可能性不需要考慮、某些矛盾不

需要處理，這些邊界就顯示了我們自身的世界觀。但我們其實不時就會遇見這些界限。對於世界的機制、我們的位置和我們該在意的事物，我們都有一些基本認知，這些基本認知不時會出現問題，讓我們感到焦慮、愉悅等種種體驗。雅斯培把這些情況稱為「邊界處境」（limit situations）。邊界處境不時會發生，對許多人來說，退休就是一種邊界處境，而人逐漸變老這件事，也會對我們既有的邊界帶來各種發現和挑戰。我不確定，不過我希望我們都能藉由邊界處境逐漸成長，獲得更多想像力和能力來應對將來的邊界處境。如果上述說法可行，我們或許也會想：這些積累的智慧有辦法藉由文字和案例來傳遞給其他人類嗎？我還是小菜鳥，離退休還早，但對於這些事情思考愈多，我就愈覺得這個世界沒有過去想的那麼簡單。

怎樣才算是有心理疾病？

　　這問題的一種答法，是蒐集各種沒爭議的心理疾病案例，找出它們的共通點，並說明它們跟純粹的怪癖和奇葩有什麼差別。但我不覺得這做法會有用。首先，我們可能找不到真正沒爭議的心理疾病案例。有些人對現代的精神醫學討論抱持高度質疑，像是反對精神醫學的人（antipsychiatry theorists）以及殘疾人權利運動者（disability rights activists），此外也有一些人懷疑，精神醫學是社會在用醫藥技術來掩蓋大環境的問題。若有一個關於心理疾病的恰當判準，此判準應該要能夠回應他們的質疑，而不是假設這些懷疑論者打從一開始就搞錯。再來，美國精神醫學學會（American Psychiatric Association）的《精神疾病診斷與統計手冊》（*Diagnostic and Statistical Manual of Mental Disorders*，簡稱DSM）出了好幾種版本，版本之間都有巨大差異。你可以說DSM代表了社會對於心理疾病定義的專業共識，不過這樣一來，這個共識其實一直在改變。當然，如果我們有個關於心理疾病的固定定義，事情就好辦得多，而我們也可以用它來判斷DSM每個版本的對錯。第三，「心理疾病」

這個概念的用途很多，從實務上到理論上的都有。我們當然可以純粹探究「心理疾病」概念本身，而不管這些用途，但這樣一來，就算最後找到了答案，這答案對我們來說可能也沒有什麼用。

好在我們有另一選擇：哲學家哈斯藍格（Sally Haslanger）所說的「改良型分析」（ameliorative analysis），若用哲學家卡納普（Rudolf Carnap）的詞彙，則會稱為「闡釋」（explication）。要對「心理疾病」進行改良型分析，第一步是想想這個概念的目的和功能是什麼。這概念之所以存在，是因為它能協助我們做一些事情，這些事情是什麼呢？接著我們就可以問：要達成這些事情背後的目的，最好的做法是什麼？若把「心理疾病」這概念想成一個工具，我們要怎樣精細調整這個工具，才會讓它更好用？

在我看來，「心理疾病」這個概念至少有三個主要的功能。一個功能是劃出身心科醫師（psychiatrists）和心理病理學家（psychopathologists）的研究範圍。這些學者研究心理疾病的本質、起因和治療方式。若有判準能區分心理疾病和其他東西，這些人就能把時間和注意力放在恰當的對象上。＊「心理疾病」概念的第二個功能是協助醫療決策。如果你的問題是心理疾病，那你就會被引介去找身心科醫師、臨床心理醫師（clinical psychologists）或身心健康社工（mental health social workers），而不是其他照護者。此概念的第三個功能，則發揮在道德和法律上。若我們認為某行為是出於

作者註
＊

在這裡，用「失常」（disorder）來指稱相關狀況，可能比用「疾病」（illness）更好。我們最初是在心理疾病的框架底下討論這個問題，但如果你願意，可以任意換成「失常」。

心理疾病，那我們就不會像平常一樣認為行為者需要為其負責。這議題比較模糊，不過我想你應該能知道我想表達什麼。當某人做了不好的事情，若我們判斷此行為是出自心理疾病，我們通常會認為他需要就醫，而不是應當遭受報復。這也會影響到我們對於行為的情感反應，當別人出於心理疾病做出壞行為，我們通常比較不會因此感到義憤和噁心。當我們自己出於心理疾病做出壞行為，我們通常比較不會因此感到罪惡和羞恥（值得注意的是，也可能有人同意「心理疾病」這概念有上述功能，並且同時認為真正的心理疾病不存在。在這種情況下，他們其實是在主張這世界上並沒有什麼東西需要心理病理學家去研究，也沒有什麼狀況需要接受心理治療）。

所以現在的問題是，要怎麼定義「心理疾病」，才能讓這個概念最大程度發揮上述功能？或者說，如果上述三種功能都各自有適切的界定，那我們整體來說該怎麼理解「心理疾病」？

不過我其實沒辦法回答這些問題。要回答這些問題，需要太多我不懂的東西，包括：精神病理學在方法上的強項和缺點、各種心理健康干涉手段的追蹤紀錄、在《刑法》上用不同方式界定心理疾病會導致的各種結果，以及若我們把壞行為當成疾病來治療，人們會有哪些得益和損失。（抱歉！但我得實話實說）不過，就算我們無法給心理疾病下一個整體的定義，我們還是可以在面對個別案例的時候，想想心理病理學家對此有沒有什麼可以研究的、心理健康社工對此有沒有什麼可以協助的，以及對此有沒有任何東西，是我們可以用道德和法律一般提供的那些社會控制手段處理的。最後我還是得補充一下。照學者統計，美國監獄裡有百分之二十的人有「很嚴重」的心理疾病。多數人出獄用不著幾年，又會被逮捕。而在應對有精神病史的人這方面，我們的警察惡名昭彰，想想看

Deborah Danner、Saheed Vassell、Sandra Bland、Charles Kinsey、
Kwesi Ashun這些案子。¹所以，不管我們最後怎麼定義心理疾病，
我們都有好理由認為，目前社會動用警政系統去處理的許多事情，
應該改用心理健康系統去處理。

 譯註
1

這些都是警察執法爭議的重大案子，都是有色人種，多半被警察槍殺。

跟窮國買東西，算是剝削他們的勞工嗎？

關於剝削，或者說經濟上的剝削（exploitation），有一種理解方式值得參考：若我剝削你，要嘛表示我賣你東西，但開價過高；要嘛表示跟你購買東西，但開價過低，而且情況嚴重到我該受譴責。

之所以要額外加上「該受譴責」，是因為我（我相信當初問這問題的人也一樣）把經濟上的剝削當成一個道德概念。例如說，若我賣珠寶給你賣貴了，因為我們都沒注意到商品上面有一些會嚴重影響品質的瑕疵，但這並不是我們的錯。在這種情況下，恐怕很難說我剝削了你。

當然，怎樣算是開價過高或過低，怎樣算是開價公平，這也不好說。不過，這方面倒是有個好用的理論。這個理論的原理，是無恥剽竊來自哲學家羅爾斯（John Rawls）的無知之幕。假設你想跟我買某個小東西。那我們可以這樣想：如果我們兩人都擁有做這生意所需的所有資訊，那我們會如何開價呢？假設：我們兩人都了解這東西的生產過程和品質、同類東西的常見價格、買賣雙方的需求偏好和財務狀況，以及關於顧客行為的心理學等等。然而，讓我們也

同時假設：我們並不知道誰是買家誰是賣家。這要等到交易完成之後，才會揭曉。假設在無知之幕的籠罩下，我們就是在這樣的假想情況裡做決定。照這個理論的說法，無知之幕後面的我們最後決定的價格，就會是公平的價格。

一些補充：

- 如果我們要用這個理論來處理買樂透或者買情報的情況，那這理論就會需要稍微釐清或調整，因為在這些買賣裡，某些無知至關重要。老實說我不確定該怎麼調整比較好，不過還好這跟我們手上的問題比較無關。
- 如果我們談的是對兒童或動物的剝削，那這理論也會需要調整。
- 奴隸制度是剝削的典範案例，不過這個理論沒辦法直接應用於此案例，因為奴隸主似乎不算是在跟奴隸做買賣。我想或許我們可以稍微擴張「買賣」的概念。我們應該會同意，若奴隸願意替奴隸主工作，那奴隸主理當應該付他薪水，如此一來，我們就可以把這個互動看成一種買賣。

當然，並不真的存在有無知之幕這種東西可以讓我們躲在後面做決定。但我們還是有各種方式可以判斷，若我們位於無知之幕後方，會如何做選擇。像是我們可以運用想像力衡量、可以訪問那些曾當過買家和賣家的人怎樣的價格才公平、可以從買家市場和賣家市場的行情價計算平均值、可以從買家願意付的金額和賣家願意接受的金額取平均，再考慮議價能力的不對稱程度和相關知識來調整等等。

我喜歡這種關於剝削的思考方式，因為它可以說明為什麼我

們會覺得某些迫於情勢所做的買賣不對勁，也可以說明為什麼這種反應合理。例如，為什麼低於最低薪資的金額雇用員工就是一種剝削，就算員工本人願意接受也一樣？因為要不是雇主的議價能力和員工極端不對等，這麼低的價格根本不會成立。又例如，怎樣算是哄抬價格？這有什麼不好？跟純粹的「物以稀為貴」有什麼不同？答案是，因為若身分對調，賣方自己也不會願意用哄抬後的那個金額買東西。

進一步說，這個思考方式平衡了我們一般接受的兩個說法：公平價格是由買賣雙方的偏好所決定，而不公平的價格則奠基於無知和議價能力的不對稱。讓我們回到原來的問題。照上述思考方式，你只能剝削那些直接跟你作買賣的人。所以，除非你是直接跟海外勞工買東西，否則就不算是在剝削他們。

不過事情沒這麼簡單。假設某個海外勞工被雇主剝削，而我在附近店裡買了他參與生產的商品，在這種情況下，縱使相當間接，我依然參與了一長串付錢給雇主好讓他剝削勞工的供應鍊。*而一般來說，若某件事是錯的，那付錢讓別人去做那件事也會是錯的。所

 當然，我並不是為了剝削勞工而付錢。我付錢是為了跟人換取商品，不是為了請他剝削勞工。不過這個差異有多重要呢？在法律和哲學上都有個傳統，認為一項行為「意圖產生的結果」和「不在意圖中但可以預見的結果」有道德差異。這種想法叫做「雙重效果論」（the doctrine of double effect）。我們確實可以討論說，雙重效果論是否普遍成立，或者至少在「海外勞工受剝削」這個案例裡成立。不過考慮到雙重效果論的整個目的，在我看來，是要幫那些「明知道自己的行動會傷人但還是去做」的人找藉口，我並沒很認真看待這想法。

以，如果供應鏈的這一端是我在付錢，而另一端是勞工被剝削，那我或許是在做錯誤的事。

　　或許吧。不過考慮到消費者處境的兩個特徵，或許我們能說自己並不值得受到嚴重譴責。首先，以心理學家的說法，消費者的決策是出於有限理性（bounded rationality）。我們的每個消費決策其實都不是最佳方案、都有進步空間。但對我們來說，把時間和心力用在其他地方更為划算。例如，搞不好在十個洗髮精牌子裡面，只有一個良心品牌沒有參與勞工剝削，但要我把它找出來，可能花七個小時。如果得付出那麼大的代價才能避免自己購買剝削勞工的產品，那就算我們的消費行為並非總是對得起良心，也情有可原。（不過要小心別把這個論點推得太遠，像是「我怎麼會知道這個『沒天良公司』真的有問題？」就有點誇張了。）

　　消費者處境的另一特徵，在於我們面前的消費選項之間常常沒什麼有意義的差別。你得吃蔬菜，而有可能所有你買得到的蔬菜，或者不需要花一大把時間和錢就可以得到的蔬菜，都是低薪勞工採收的。在避免剝削勞工這方面你身為消費者沒什麼選擇，而相較之下，這些勞工的雇主，以及整個蔬菜產業的選擇就多得多。所以普遍來說，每當我們討論消費者如何做出道德的選擇，都可以想想看這問題：如果改成討論雇主、政府或產業規範，會不會比較有意義？

養魚當寵物OK嗎？

　　看你養什麼魚。如果你能好好照顧，我想應該沒問題。對我來說真正的問題則是：被飼養的魚這輩子的快樂淨值，加上飼主因此得到的快樂淨值，是否超越魚在野生環境一輩子的快樂淨值？

　　這問題難回答，部分是因為我們不知道魚在想什麼。我們對家裡的哺乳類寵物更了解，因為我們跟這些動物更類似。相較之下魚根本就是外星生物。你很難知道魚過得好不好，甚至很難知道魚有沒有過得好和過得壞可言。為了討論起見，讓我們先假設魚有能力感受痛苦和快樂。照理來說，應該有一些會威脅魚的生存和繁殖的事物，會讓魚感到痛苦，而應該也有一些效果與此相反的事物，會讓魚感到快樂。問題在於這些事物是哪些事物，以及它們造成的效果究竟有多大？

　　就拿金魚和他的野生版本鯽魚來比好了。金魚被人養，會因此得到一些好處。最明顯的就是他們不用擔心吃的，也不用擔心被吃。

　　然而，也有一堆原因會讓寵物金魚過得不好。例如，假設你把金魚單獨養在魚缸裡，牠會缺氧並泡在自己的排泄物裡，得不到金

魚需要的社交刺激，甚至會因為魚缸的形狀而無法好好看東西。在這種情況下，金魚會比一般的鯽魚早死。但只要你好好照顧，上述問題都不是問題。你可以用大的長方形魚缸或者挖個池塘，並安排循環系統和其他魚類夥伴。這樣照顧下，金魚就可望活得跟鯽魚一樣久。

然而就算這樣，金魚還是會缺乏一些可能會帶來快樂的自然活動。像是憑自己本事覓食和交配，當然啦，你可以同時飼養不同性別的金魚讓他們有機會交配，但這樣會很麻煩。還有遷徙，目前我們觀察到的野生鯽魚遷徙路線，已經超過八十公里。考慮到鯽魚吃的東西並不會很難取得，比起純粹吃飼料，比較難說他們會從覓食得到多大樂趣。但缺了交配跟遷徙，對於鯽魚來說應該是一大損失。如果你常常改變魚缸的擺設，或許可以稍微彌補一些。但在我看來，跟安全的環境和吃飽喝足相比，這些損失應該不算什麼。畢竟如果一條魚認為遷徙和交配比安全和食物更重要，他應該是沒法活太久。而上述這些都還沒有計算養魚的人因此獲得的快樂。

 但說真的，養寵物跟蓄奴有什麼差別？

這兩者確實有相似之處。寵物和奴隸都沒有薪水、沒有移動的自由，而且無法決定自己要以什麼方式生活。然而，縱使我們有很多說法可以說明為什麼奴役人類有道德問題，這些說法似乎都沒法適用於人類之外的動物。薪水這種事就不說了。動物通常不會因為無法決定自己要如何過活而感到痛苦。人類有能力規劃自己生活，並且通常也認為這是重要的事情，但動物不一樣。特別是在寵物逃脫之後，他們未必過得更好。

所以總體來說，比起野生的鯽魚，寵物金魚會為世界帶來更多快樂。如果你想養魚，就去養吧，沒什麼不好的。不過我還是得說一句：世界上有種更讚的東西，叫做「狗勾」。

什麼時候該信任專家？

　　每次在課堂討論這問題，總是會有（好幾個）人主張我們**永遠**都不該信任專家，不管是老師、寫新聞的人、醫生、科學家還是什麼都一樣。「專家不知道他們在講什麼」、「專家只是想賺你錢」、「不管什麼說法，你都可以找到專家背書」、「專家只要你信任，不要你質疑」、「專家都是領錢說話的」。相信專家好像表示你又蠢又跟不上時代、無法自己思考事情。

　　上面這些老調隨處可見，然而人們實際上如何跟專家相處，似乎又是完全不同的一回事。就拿我三年級的數學老師羅森布魯姆（Rosenblum）來說好了，我相信他也是有領錢的，但這並不代表他都在亂教。若想知道天氣或交通狀況，你會去看新聞，或者往Google建議的方向去找資訊。我們知道很多事情，像是我們知道是地球繞太陽轉，而不是太陽繞地球轉，但是很少人有辦法像科學家那樣說明為什麼事實是如此。面對專家對這些事情的說明，若你拒絕相信，這並不顯示你對人類的資訊生態有什麼清晰又具批判性的看法，你只是太相信陰謀論而已。

　　　　　　　　　　　　　　　　　　　　　　來問問哲學家

當然，上面那些老調並不全都是錯的。我們不該**總是**相信專家，不管是自稱專家的人、有專業名聲的人，或者有文憑的人都一樣，隨便舉幾個例子：在哥白尼之前，歐洲學術界一致認為地球是宇宙的中心。新聞寫的東西也常出錯，有些錯誤是系統性的（systematic）[1]，另外一些錯誤則令人髮指。有時候，整個科學圈都可能搞錯，一邊排擠那些對基本假設提出質疑的人，一邊朝向不對的方向發展。最後，專家彼此當然也有無法取得共識的時候。

　　要從頭思考這種問題，一個方向是想想看：你平常到底是為什麼會相信別人跟你講的任何東西？有些哲學家會主張說，除非你手上有相反的證據，否則光是「人家告訴你某件事情」這件事本身就足以讓你合理相信人家。或許吧，不過我覺得我們甚至不用走到那麼極端。想想看，假設同事跟你說他被叫去負責某個報告。這時你幹嘛相信他？幾個理由：

- 對於自己被叫去做什麼工作，通常人類還滿清楚的，更不用說你同事對此事的信心還高到能公開張揚。所以他應該知道自己在講什麼才對。
- 很難想像他們為什麼會想要說謊。而且他們有很多理由不說謊。比如說在這種事情上說謊會被你抓包，影響你們之間的關係。人們多半不會冒這個險。
- 有時候我們可以看出誰在說謊。倒不是從他們說的內容，而是從

 譯註 1　當一個錯誤是系統性的，表示它是出於特定傾向或機制，若這些東西不修正，類似錯誤可能再度發生。

他們說的方式。如果你的測謊直覺滿準的，而且這時候又沒跟你發警報，那表示事情還算OK。

- 就算你這次沒法辨識謊話，你同事也不太可能會是心理病態（psychopath）。多數人類對說謊這種事情會感到罪惡，特別是當他們沒有好藉口說謊的時候。
- 這同事過去總說過一些話是你能驗證的吧。如果他過去沒說謊，那現在可能也一樣。

除此之外，你也可以想像其他對話情境，例如在YouTube留言區跟陌生網友進行討論。在這種情況下，你可能就不會像信任同事那樣信任對方。但至少，當兩人之間的關係建立在信任上、對彼此有價值，並且是現在進行式，而且講的東西要嘛不是什麼驚人「異見」要嘛可以驗證，那麼你通常就可以合理信任對方。這其實是好事，想想看，在我們知道的事情當中，來自我們親自觀察的其實只占一小部分。

不過，上述我們談到的只是一般對話所需的信任，而我們對專家的信任高於此標準。我們不但非常相信專家在相應領域說的話，還給專家專用的舞台去發表他們的意見。在做政治決策時，我們也給來自專家的發言更多比重，像是美國國會預算局（Congressional Budget Office）和人口普查局（Census Bureau）。要說明這種信任的合理性，我們得要提出比信任辦公室談話更多的理由。

有時候，我們確實有一些特別的理由去信任專家。在特定情況下要不要信任某個專家，就取決於這些理由是否成立。例如我們至少得考慮下面幾點：

- **資歷**（Credentials）：專家的資歷可能很漂亮，像是炫炮的職稱、學歷、社會位置等等。對外行人來說，真正有意義的資歷跟只是好看的資歷可能長得差不多，但我們還是可以看這些頭銜是否受到廣泛擁有不同資歷的人認可。

- **事實查核、揭穿踢爆和可咎責性**（Fact-Checking, Debunking, and Accountability）：有些專家工作的領域，有編輯或第三方人士會對專家說法進行事實查核，這些人有很強的誘因踢爆任何不實說法。如果專家被踢爆，他們的名聲和專業地位可能就會減損。比較一下：從未受到事實查核的政治名嘴，跟不時就會宣告自己無法複製先前實驗結果的科學領域，哪個比較可信呢？

- **共識**（Consensus）：有時候專家會有共識。有時候專家們會藉由一些特定文件交換意見，而這些文件足以代表此領域的共識。而就算專家之間沒共識，通常也有人數差距。若某專家的意見可以代表此領域的多數專家，那你就有很好的理由去信任他，除非有線索指出此意見只是來自群體迷思（groupthink）或迴聲室效應（echo chamber）。[2]

- **資金來源**（Funding）：有些專家的經費來自大學、公共資助或私人企業。提供經費的單位可能有商業誘因想要特別了解關於世界某面向的真理。當然，也有些經費來源比起了解真理更注意自己是否得利。藥廠可能會資助精神醫學研討會，貪婪的億萬富翁

 譯註 **2**　若一個群體有群體迷思，表示群體內的成員傾向於發表跟其他人一樣的意見，使得群體本身不容易產生新想法，或糾正錯誤。若一個群體產生迴聲室效應，表示群體內的類似意見不斷重複和放大，讓成員對世界的認知跟群體外的人類有巨大差異。

可能會資助自由至上主義（libertarian）[3]的智庫，宗教團體可能會資助教育計畫，營養師自己可能會賣減重商品，專家證人可能會受到被告收買，開業醫師對新藥的理解，可能來自藥商發的傳單。當然，經費來自哪裡，這是程度上的差異，而不是非黑即白，但不可否認的是有些經費來源比其他來源更會減損專家的信用。

上述這些信任專家的理由都並非百分百可靠。而且很多時候我們得要多做功課，才會知道哪些理由適用於眼前的專家。不過這就比較接近資訊傳遞的問題，而不是哲學問題了。

譯註 3　比起自由主義（liberalism），自由至上主義（libertarianism）更反對市場干預，一般來說他們會支持更少的稅金、限制和福利。

要養出善良的小孩，需要哪些條件？

　　給定學校、同儕團體和社會主流文化對小孩的影響，家長能做的其實不多，但也不是完全沒有。如何養出善良的小孩？以下是一些受經驗證據支持的建議：

- **提供好榜樣。**若看到其他人在道德上做出偉大的事情，或者克服難關或現行主流價值觀去做真正對的事，小孩會受到激勵，尤其是當這些角色只大他幾歲的時候。在道德不彰的世界，好人反而是造反者，造反者很帥，大家都喜歡。
- **把抽象原則用具體且令人有感的方式呈現。**「要公平」、「要對人和善」都是好建議，但它們令人無感，無法挑起情緒。令人有感才會令人起而行動。比起普遍和量化的描述，具體且充滿細節的案例令人更有感。
- **讓做好事成為更容易選的選項。**在你可以做到的範圍內，試著將小孩往正確的方向「輕推」（nudge）[1]，而不是直接用物質獎賞引誘。像是讓他們得特別經過一個主動決定的過程，才能選擇比較

邪惡的選項、設計框架讓他們容易選出善良的選項、避免他們必須大花心思才能判斷哪個選項比較善良。當然，物質獎賞有時候是好點子，但是也有風險。建立於外在誘因的道德習慣會比較不扎實。

- **就算不是小孩，也要遵守同一套規則。**若某人得知有禁止做某件事的規則，但又發現大家都在做，他就不會把規則當一回事。

以下是一些其他建議，這些建議我沒有什麼經驗證據，但我認為它們滿重要的：

- **鼓勵小孩進行「道德計算」。**人們思考道德時常常不夠重視量化資料。這讓我們沒辦法把道德注意力集中在它該去的方向。我並不知道要怎麼讓小孩養成這些能力，不過偶爾練習一下應該沒壞處。像是，如果小孩想要捐錢給慈善機構，可以請他們用數據說明為什麼這個捐款選擇是合理的。＊如果小孩要選一個社會問題來研究，問問他們能否用數字說明他們選的議題比其他一些議題

譯註 1　輕推（nudge）概念來自諾貝爾經濟學獎得主塞勒（Richard Thaler）和法學家桑斯坦（Cass Sunstein），在《推出你的影響力》（*Nudge: Improving Decisions About Health, Wealth, and Happiness*，張美惠譯，時報文化出版，2014）一書中，他們介紹了「保留比較不好的選項，並引誘人去選比較好的」的「自由家長制」，試圖在明智和自由當中取得平衡。

作者註 ＊　要成功辦到這件事，同時又不對小孩的慈善態度澆冷水，可能不是很容易。或許你可以先讚許他們擁有慈善之心，讓他們的道德態度更堅定，然後再將其引往更有效的方向。

更重要。如果小孩覺得家裡某些勞務或資源分配不公平，請他們說說看這些公平與否可以如何計算。

當我們講到道德教育，我們想像的常常是如何發展一些待人處事的好習慣，像是禮貌、尊重等等。與人交往時能保持禮貌和尊重當然很好，但這些習慣跟處理世界面對的重要問題其實沒什麼關聯。因此，我覺得下面這件事情也很重要。

- **鼓勵小孩參與集體行動。** 政治腐敗、氣候變遷、貧窮和經濟不平等、工廠化養殖（animal agriculture）對動物造成的傷害，如果我們只是四散各方做自己的事情，這些問題不可能解決。要解決這些問題，人們必須組織起來，進行遊說、杯葛、抗爭和倡議，如此一來才有機會改變現行的主流價值觀。這些問題是道德問題，因此我們有集體的道德義務去解決它們。當然，小孩不太可能全力投入參與那些最有意義的集體行動，而且就算他們這樣做，很多大人也不會當一回事。然而，我們還是可以製造一些讓小孩參與的機會，像是學生會、公園清潔計畫、參與式預算。我不知道要怎樣才能讓小孩更容易像大人一樣參與那些重要的集體行動，但讓小孩親身體驗和理解集體行動的力量，應該是不錯的開始。

是什麼造就性別歧視的語言？

　　先初步提供一個好答案：大致上，性別歧視的語言就是會促進性別歧視的語言。這些話語會促進不正義的歧視，去壓迫特定生理或社會性別的人。其中一類有這效果的語言，屬於哲學家講的「厚評價詞」（thick evaluative term）。像是「好」、「應該」這樣的薄詞（thin term）可以用於評價幾乎任何東西。用薄詞來評價東西，並不會同時帶來什麼其他資訊。然而「勇敢」、「貪婪」這樣的厚詞（thick term）就不同了。當我說某人勇敢，我不只讚美了他，也同時在告訴其他人，這份讚美是關於他面對危險的能力。有一些厚詞內建性別（gendered），意思是說它大致上只適用於特定性別。當然，內建性別的厚詞不見得都性別歧視。例如說，假設男性比起女性更容易以一種白目或看低對方的態度說明事情，以致於社會上出現了一個特別的詞：「男性說教」（mansplain）來使人注意這種現象。在這情況裡，這個詞的使用並沒涉及什麼不正義的歧視。不過，如果厚詞內建性別卻又說不出道理來，那就涉及性別歧視，例如「蕩婦」（slut），這詞幾乎只用於女人和女孩。而且，社會上並

沒有同樣意思的詞彙可以用來指責男人和男孩。這並不是因為男人和男孩比較不淫亂,而是因為社會不會基於是否淫亂去評斷男性。所以,「蕩婦」這詞促進了對女性的不義歧視,認為淫亂的女性有問題。以上述思考方式,你可以辨認其他性別歧視的厚詞,像是「破麻」(phòa-bâ)、「娘炮」、「男人婆」、「母豬」。¹

再來,一個更好的答案:大致上,在會促進性別歧視的語言之外,那些表達了性別歧視態度的語言也是性別歧視的語言。而性別歧視的態度,就是那些對性別歧視行為表示偏好的態度。強調後面這個可能性,是因為有時候某句話的效果不容易確認,但我們依然會想對說話者咎責,因為我們認為這句話顯示了他是個**怎樣的人**。假設有個對女性的蔑稱,這個稱呼只有厭女的人會用,而且只會用在他們自己的刊物上,以及他們彼此私下對話時。在這種情況下,考慮到這個詞彙只在小圈圈裡通用,我們很難說它會造成多大傷害。不過,假設我發現有個朋友在我們的私訊裡用了這個詞。就算這個詞不會造成什麼傷害,我還是可以合理詢問他:你這樣說話是什麼意思?

這樣說好了,我們討論的這個問題是關於語言,一種很抽象的東西。**某個詞**是否性別歧視?這問題涵蓋這個詞使用的所有普遍情況,而當中很多我們並沒有真的觀察到。相對的,要確認某個特定的句子或話語是否性別歧視,就簡單許多。就拿「婊子」(bitch)來說好了。我們沒法說這個詞彙本身是否性別歧視,因為它有很多

譯註
1

作者在此舉的英文詞彙例子是「fairy」(專指同性戀)、「nag」(專指嘮叨的女性)、「dowdy」(專指打扮中性的女性)、「cow」(專指煩人的女性)。

用法跟意思。但要判斷這詞的某次現身是否有問題，就清楚許多。例如，歌手莉佐（Lizzo）的詞「我百分百就是這麼婊子」（I'm 100 percent that bitch）並不是在表達性別歧視的態度，也不是在支持任何性別歧視的舉措。但假設我想跟某位女性約會，但遭到拒絕。這種情況下若我說對方是婊子，就會有性別歧視的問題。另一個例子是「太太」。很多時候稱呼別人為「XX太太」並沒問題，而且對方也會樂意被這樣叫。然而，如果我在工作徵才的表格上，要求應徵者勾選他是「小姐」、「太太」或「先生」，那麼我就是在特別要求女性揭露婚姻資訊，而這些資訊可能對他們不利。當我們不確定某個詞彙算不算是性別歧視，很多時候刻畫具體案例能幫上忙。進階技巧：如果你思考某個詞彙或片語的意思但卡住了，可以想想人們實際上是怎麼用這些詞。

如果做什麼都沒有用，那我們還可以做什麼？

　　這個問題最初是在氣候變遷的話題裡出現，但它的「守備範圍」其實更廣得多。很多時候，我們面對的各種道德和政治問題，會涉及一些我們做不做其實都不影響大局的事，像是在大選中投票、亂丟紙屑、繳稅、在商店順手牽羊、微侵犯（microaggressions）[1]、在可負擔的地區搬到比較貴的公寓、捐小錢、在公地放牧牲畜、釣魚。更準確地說，**你一個人**做不做這些事情其實沒差。但若一大群人一起，就差很多。就算你隨地丟張紙屑、在商店偷顆糖果，或者不繳稅，世界也不會停止運轉。但如果每個人都這樣做，街上就會堆滿垃圾、商店會倒、政府會垮掉。

　　上面這些特色產生的問題，哲學家管它們叫「集體行動問題」（collective action problems）。你可以這樣理解：假設所有人都進行

譯註
1

你可以把微侵犯理解成對弱勢或少數群體表達敵意、貶意、不屑或污名的行為。台灣常見的例子像是開物化女性的黃色笑話、指教胖子的體態和運動習慣、學原住民口音說話。

某行動，整體結果會非常棒，但同時假設對於任何個人來說，是否如此行動都不會有什麼影響，如此一來，我們該如何設法讓大家都那樣行動？

對這問題，有些解決方案來自法律和機制層次。像是我們對偷小東西的人依然施以高額罰款、規定誰在什麼季節能釣魚並且把釣到的魚帶走、有些辦公室設立對微侵犯的「零容忍」政策。只要社會機制有辦法為多數人製造行為動機，那我們至少就有了部分的解決方案，來應付集體行動問題。

當然，這些解決方案有其限制。首先，並不是在生活的方方面面，我們都想要政府正式的插手干預。理論上我們當然可以用警察和罰單對付微侵犯，但我自己是寧可不這樣做。再來，有時候法制手段只有在執法範圍夠大的時候才會有效果。假設我們這一區在特定季節禁止釣魚，但同一條河上的另一區則完全不管，那大家就只是換個地方釣魚而已。當個別工廠停止藉由污染環境來營利，或許他們可以靠好名聲維持營運，但也有可能因此倒閉。這就是氣候變遷這類問題的一個特殊之處。氣候變遷是全球性的問題，如果這問題有個法制上的解決方案，這個解決方案必須要能跨國執行，背後必須要有個跨國政府。所以現在問題變成：目前我們還沒有這種政府。最後，假設就算美國和中國政府其實有條件挺身而出頒布能停止氣候變遷的法律，他們可能也不想這樣做，因為這會妨礙超級有錢人能繼續賺錢，而且單方面為了公平正義而放棄營利，感覺就像個傻子一樣（不管是否真是如此）。＊

 作者註 ＊ 我並不是在說從法律上完全沒指望應付氣候變遷。我只是想指出目前有很多阻礙。

當法制和機制的解決方案沒效，道德的解決方案可能有。現代社會亂丟紙屑的情況不嚴重，很大程度是因為道德規範。學校教小孩不要亂丟垃圾。我們為此發明新的道德詞彙，像是「垃圾蟲」（litterbug），就是量身訂做來指那些亂丟垃圾的人。看到有人亂丟垃圾，我們會公開斥責。我們把維持清潔當成基本生活態度。我們建立社會期待，讓人覺得應該把乾淨程度當成一種標準來互相比較。如此一來，人們要嘛把「亂丟垃圾不OK」內化成自己的道德準則，要嘛他們會在意別人的眼光而不亂丟。

當然，這些解決方案也有其限制。首先，道德規範很難改變。有很多強力論點可說明為什麼不該吃工廠化農場經營產出的肉類，像是：農場動物的處境、工業家畜生產對生態的影響、廢水池和有抗生素抗藥性的細菌對人類衛生的威脅、畜牧業政治遊說造成的腐敗、這些產業當中勞工的待遇……任何稍微了解一點點這些事情的人，都得要很努力矇騙自己，才能繼續認為吃這些肉沒問題。問題是人很喜歡吃肉，而且大家都在吃肉，而這就足以讓這些行為繼續維持下去。再來，道德規範帶來的動機效果很有限。有名的米爾格蘭實驗（Milgram experiment）顯示若穿著實驗室白袍的人指示你對其他受試者施加劇烈痛苦，你很可能會照做。心理學家達利（John Darley）和巴森（Daniel Batson）的「好撒馬利亞人實驗」（Good Samaritan study）比較不有名，但也顯示，光是為了赴一個不怎麼重要的約，就足以讓一些人忽略痛苦而需要幫助的路人。此外我相信，你在生活中也常常見識到人們不見得總是會做他們認為正確的事。第三，當我們遇到的集體行動問題涉及經濟活動，在過去我們習慣的道德解決方案總是針對個體消費者。這讓**我們每個人**都有責任要確認自己吃了些什麼、用什麼來調節居家溫度、多久旅行一

次、是否帶環保袋和環保吸管出門等等。我們這樣做當然很好，不過這也會讓人忽視產品供應方和更深層經濟結構的問題。這很可惜，因為前者可以打從一開始就不要賣那些爛東西，而後者的改變則可以徹底轉換我們做消費決策的方式。

　　或許上述這些事情其實都很明顯。但這樣一來，就很難說明為什麼很多有智慧的成年人似乎對此視而不見。

　　有些訪客不是要問問題或討論，而是想分享想法或故事。對此我是百分百OK，如果人們在這能說出在其他地方難以分享的東西，也很棒。而且有時候訴說也會帶來對話。有位女士很直截了當地說，她覺得氣候變遷讓她變得更自私。不管做什麼都對解決問題沒幫助，所以做什麼都沒意義，不如專心過自己的生活。分享到一半，有個路人停下來表達不同意見：「或許一個人做不了什麼，但大家可以一起對付氣候變遷啊。」於是，我們討論了一些關於搭便車占便宜（free riding）和集體行動的問題。這位女士離開時，從糖果碗裡挑了一支棒棒糖。

　　「我覺得我今天表現得還不錯。」

　　「沒錯，」我說：「妳今天的表現在哲學上可以值好幾塊錢。」

　　她順暢接話：「我樂善好『思』。」

我們該活在當下嗎？

　　這句話可以有很多意思，其中一種意思呼應有名的棉花糖測驗（marshmallow test），這個測驗提供兩個選項讓小孩選：現在得到一顆棉花糖，或者幾分鐘之後得到兩顆。在這意義上，「活在當下」的意思是偏好當下較小的好處，勝過未來較大的好處。在上述實驗的脈絡下，我們通常會認為，「活在當下」選擇一顆棉花糖的小孩表現比較差：沒耐心（impatient）、短視（shortsighted）或意志薄弱（weak-willed）。

　　我對棉花糖測試沒有什麼意見，不過這個測試是關於很特定的情況。難道沒有**其他情況**，讓當下的小好處能凌駕未來的大好處嗎？喜歡立即或能快速取得的較小利益，勝過未來才能拿到的較大利益，這種傾向被哲學家和經濟學家稱為**時間折價**（temporal discounting）。人們確實會給那些在未來才會取得的東西比較低的評價，只是不同的人時間折價的情況也不同。而在哲學上，我們的問題則是：時間折價是理性的嗎？*

　　我傾向於認為時間折價是理性的。假設有個精靈出現在我面

前，並且提供下列選擇。我可以現在就拿一顆棉花糖，或者我可以在二十年之後一輩子棉花糖吃到飽。此外，精靈保證我二十年之後還活著，並且會跟現在一樣愛吃棉花糖，而就算可免費取得棉花糖也不會縱慾過度，並且我不會很早死，所以可以享受棉花糖吃到飽好一段合理的時間。一開始你可能會想，這有什麼好選的，一輩子棉花糖吃到飽耶。不過精靈接著補充了一件事，在二十年之後，我會變成一個混蛋：我會放棄我現在珍視的一切東西和人，並整天在網路上跟陌生人筆戰一些跟漫威宇宙有關的東西。

說實在的，可能很難確定我到底會怎麼選，不過我猜我可能會想：「天哪，未來的我有夠糟。我可能還是希望他過得還行，就像我也希望那些我根本不認識的人過得還行。但是我才不要為了這樣的人放棄**我的**棉花糖。他做了那麼多爛事，不該受獎賞。」

雖然上面這情境有點誇大，但我們在真實世界面對的很多情況其實就是這樣。人會改變，有時候你會變成年輕的你不齒的樣子。這些改變很難察覺，但它們會一天一天出現。如果「我的利益」不只是我在將來會變成的人在將來會獲得的利益，也包括我**身為當下**

作者註
＊
就算是不認為時間折價是普遍現象的人，其實也會在特定條件下接受它。確定性就是一種相關條件。假設有兩個選項：第一個選項讓你有十成信心得到一單位的獎賞，第二個選項讓你有四成信心在未來得到兩單位的獎賞。在這情況下人們普遍會覺得選第一個選項很合理。

另一種相關條件是關於獎賞本身。有些獎賞帶來的好處很短暫，像是吃棉花糖這種。另外一些獎賞帶來的好處比較持久，例如獲得新房子。當我們問時間折價是否理性，我們其實是在問：若排除不確定性的差異，而且獎賞帶來的好處維持不久，那時間折價是否理性？

的自己獲得的利益，那麼時間折價有可能正反映了我的最佳利益。

另一個支持時間折價的說法，考慮的是人們的偏好和跟時間有關的情感之間的關係。有些人類情感跟時間有關。像是，只有尚未發生的事情會讓我們感到害怕。* 只有已經發生的事情會讓我們感到懊悔。而人類的偏好則和情感緊密相連，當中關聯很難說明清楚。不過，假設我們的害怕總是指向未來，而且基於害怕去降低偏好的程度是理性的選擇，那麼，比起過去的類似事物，我們對未來的事物有更低的偏好，應該也是理性的，不是嗎？

總之，這個問題不好回答。也有一些論證主張時間折價不理性。例如時間折價建立在武斷的偏好上，或者時間折價會讓我們接受一些精心設計的穩輸賭局。不過我決定先這樣，剩下的論證就當成你的回家作業吧！

作者註 ＊ 這說法有一些反例。假設我知道自己剛安然渡過一個有死亡風險的手術，我依然可能心有餘悸，害怕自己死在手術途中。不過我們似乎可以說，這個反例其實反而證明了它要推翻的東西的合理性。

具有什麼東西是隨機的嗎？

東西有可能「變成經典」嗎？

對於喜歡蕾絲糖和不喜歡蕾絲糖的人來說，
蕾絲糖吃起來是同一個感覺嗎？

該殺死嬰兒希特勒嗎？

佛教到底算是宗教還是哲學？

如果超人的力量是從太陽來的，為什麼他沒曬黑？

藝術作品什麼時候算是模仿過了頭？

為什麼理論簡單是好事？

你想做個蜻蜓的雕像，結果做出來像是蜜蜂，
那它到底是蜻蜓的雕像還是蜜蜂的雕像？

植物會思考嗎？

第 **3** 部
你沒想過的問題

番茄醬算是一種果昔嗎？

起司焗雞胸肉是正宗做法嗎？

若人類殖民火星，誰能擁有火星的土地？

你怎麼知道一加一等於二？

你最愛的動物是什麼？

番茄醬算是一種果昔嗎？

　　這問題很讚，它跟一些偉大的哲學思考一樣，把普通的日常事物變得新奇或甚至令人困惑，比如說「果昔[1]」好了。「果昔」到底是什麼意思？若要給一個判準來排除番茄醬，同時又不至於排除那些平常我們覺得算是果昔的東西，恐怕不容易。然而，若從來沒有人問你這個問題，你大概也不會主動把番茄醬當成一種果昔。

　　會出現這個詞語，是因為我們必須以一種微妙的方式，在不同的脈絡下以不同方式使用詞語。就以「重量」這詞來說好了。照物理課本的說法，「重量」就是**受到引力影響的效果**。然而，就算是位於環繞地球軌道上的太空人，也有受到引力影響，我們同時卻又說他們處於沒有重量的狀態，因為如果他們站上磅秤，指針不會轉

 果昔（smoothie）是蔬果加水攪碎的飲料，有蔬果口感，比果汁濃稠，也可能加碎冰或牛奶。一般人不會覺得番茄醬算是果昔，賣果昔的店通常不會賣番茄醬。以台灣脈絡，可以把這個問題想成類似「茶算是一種蔬菜湯嗎？」

動。所以，在物理教科書的脈絡裡，我們用「重量」去描述**受到引力影響的狀態**。但在其他脈絡，像是用一般日常工具秤重的脈絡，我們又會用「重量」去描述**這些日常工具秤出來的結果**。

番茄醬的提問讓我們覺得需要找到一個唯一的定義，包含所有果昔，同時把所有不是果昔的東西排除在外。這種需求促使我們以一種極端一致的方式去使用「果昔」這個詞。這種用法並不尋常，跟平常菜單上的「果昔」用法也不同。然而後面這種用法，才是我們平時來溝通餐點的用法，縱使不完美，但已經足以描述我們想吃的東西。所以我的回答是：或許現在對你來說番茄醬是一種果昔，但在你探究這問題之前它並不是。不管如何，如果你發現自己開始用吸管喝番茄醬，請尋求協助。

> 一對母女出現在攤位上，小孩看起來九歲左右。媽媽問小孩有沒有想問些什麼。小孩想了想，問了上面那個番茄醬的問題。我們還來不及反應，媽媽先說了：「可是這個不是哲學問題。」不，它確實就是個哲學問題。

若人類殖民火星，誰能擁有火星的土地？

讓我們一步一步來。

首先，「擁有」是什麼意思？粗略來說，若你擁有某東西，代表只要不犯法，你對它做什麼都行，而且若別人未經你同意使用那個東西，你可以說他做了一件錯的事。所以「誰擁有某東西？」這可以粗略理解成是：誰有權決定這個東西該如何使用？

基於物理和實務考量，火星上的土地用途可能有限，或許頂多只能用來挖礦、進行科學研究，或者蓋公園。不同的用途限制，可能會有不同的擁有者，或至少不同的管理者。但讓我們先假設火星就像地球，我們要對土地幹嘛就幹嘛，居住、工作或遊樂，各種使用都行。人們會開發土地用來打造有用的東西，隨著各種活動逐漸占據火星上的空間。

在這些情況下，會有好幾群人認為他們有資格擁有這些土地。第一批占據土地的人會主張說，這些土地應該歸他們所有，就像過去地球上拓荒的祖先占有他們開拓的土地。然後，為這些人出資的政府或企業也會主張說，土地是他們投資得來，應該歸他們所有。

那些真正在土地上工作，把土地變得更有用的人們，也可以主張說，既然這些價值是他們創造的，應該歸他們所有。

　　上述每一種宣稱，都有一些概念上或政治上的問題需要解決。（概念上，我們可以這樣問：第一批踏上火星的人，他們是因此擁有整個星球嗎？還是只擁有他們真的走過的那些路徑？硬要說的話，當火星的土地受開發而變得更有用，這難道不是所有曾經活著的人的共同成果嗎？政治上，我們可以這樣問：既然最有錢的政府和企業也最有辦法搶先殖民火星並從中得利，那難道火星殖民不會加劇經濟不平等嗎？）不過這些宣稱也都有同一個難解的問題，它們都是「向後看」（backward facing）的論點。當討論資產該如何分配，上述宣稱仰賴的都不是這些分配方式對未來的影響，而是奠基於過去的某些權利。但是過去都過去了。我們應該更專注未來怎樣會更好。**或許**我們最終會發現這些分配方式是合理的，因為他們確實會帶來比較好的未來結果。但我們為什麼不一開始就直接思考怎樣會有最好的未來結果呢？當然，要確定怎樣的擁有權才能帶來最好的未來，需要進行一些有風險的猜測，也需要回答關於怎樣才算「好」的困難問題。這已經超過我的敘薪職等帶來的合理要求了。

　　不過，我們還是有一個值得參考的基本規則（rule of thumb）：在其他條件相同的情況下，受某決策影響愈大的人，應該要愈有權影響此決策。例如說，當一群人計畫一起去吃晚餐，晚餐吃什麼應該要以這群人的意見為主，因為這個決策主要是影響他們。*

　　當然，我們並不總是知道怎樣對自己最好，但很多時候，當別人的行動會影響我們，我們對這些影響還是滿清楚的，至少跟對方一樣清楚。一般來說，若我們為了自己的利益去做決策或參與決策時，能讓會受到決策影響的人也有相對比例的發言權，那麼這種做

決策的方法，就會讓受到決策影響最深的人得到最好的結果。

　　這種捷思（heuristic）[1]可以怎麼運用在火星殖民地上？嗯，首先我們可以判斷，當你離特定土地愈近，關於這些土地該如何運用的決策就影響你愈深。所以我們應該給每個殖民者一定數量的擁有權。我們可以把火星的土地畫成網格。接著，我們計算每個殖民者今年花了多少時間在每個網格上。我們將每個人一半的擁有權照著他們花費在每個網格上的時間比例，分配在他們今年去過的網格上。剩下的所有權則分配在其他所有網格上，愈遠的網格分配的所有權愈少，但同時確保每個人對每個網格都至少有一份。這樣一來，所有人對於可能會影響到自己的土地使用，就都很大比例有權說話。

　　好吧，事情沒那麼簡單。以上這些討論，是建立在對真實問題的超級簡化上。但至少這可以做為討論的開端。若是你，會怎麼改善上述方案？

作者註
＊
這件事值得細究。像是，假設這群人去某家餐廳，餐廳有權藉由定價和列舉他們願意烹調的菜色，來介入這群人的決策，而這也很合理。假設這群人決定要吃一些不健康的東西，這最終會導致社會上其他人必須為他們的醫療買單。在這種情況下，廣大社會可能也有權在這決策稍微參一腳，像是投票決定對不健康的食物多抽稅，或者實施「健康捐」。上面這種自由主義式民主決策的主要缺點，在於若你沒能力參與表態，那你的利益就不會被列入決策。例如身為餐點的那些動物。

譯註
1
「捷思」指人直覺上的思考方式。捷思通常會指向可靠的結論，但當整體環境改變使得特定的捷思容易帶來錯誤的結論，該捷思也可能成為一種偏誤（bias）。

問這道火星問題的女孩是跟媽媽一起來的。我們跟媽媽講了幾分鐘話，而小女生不停跑來跑去、爬上爬下、東看看西摸摸。最後，媽媽問小孩有沒有問題想問。然後這小孩就劈哩啪啦的問了一連串：我們進民火星之後會發生什麼事？那些地會變成誰的？對於土地的合法擁有權，當人們之間出現爭議，像是如果勞工、企業和政府有不同想法，我們該怎麼調解糾紛？土地的價格是否公平，取決於哪些條件？我們當時並不知道該怎麼回答，不過在我們試圖回答前，小孩又跑掉了。

你怎麼知道一加一等於二？

　　你可能會覺得這問題很爛，發問的人就像是在質疑你到底知不知道一加一等於二，而且這種質疑的方式有點煩人、機車、沒誠意。然而，就算你真的知道一加一等於二，這裡依然有令人疑惑的謎題待解。問題在於，對於數目這類數學對象，我們沒辦法觀察，也沒辦法做實驗。至少不是像我們觀察和實驗小至電子、大至星辰，以及介於其中並構成我們日常經驗的事物們（medium-sized dry goods）¹那樣。我們似乎光靠思考，就可以學到新的數學真理。但這怎麼可能呢？畢竟在其他領域，好像沒什麼事情是我們光靠思考就能學到的。

　　你可能會說，我們確實是藉由觀察來得知一加一等於二。每當我們看到一個蘋果，又看到另一個，登愣！我們就看到了兩個蘋

譯註
1
「medium-sized dry goods」出自哲學家奧斯汀（J.L. Austin），用來指涉那些大小適合人類感官的東西，這些東西不會小到需要顯微鏡才能觀察，也不會巨大到讓肉眼可見的範圍失去意義。

果，以此類推。這想法有個比較詳盡的版本，叫做「不可或缺論證」（indispensability argument）。我們手上最好的科學理論，動不動就會用到各種數學對象和數學運算。我們有很好的證據顯示這些科學理論要嘛是真的，要嘛非常逼近真。所以也有很好的證據顯示，這些數學對象就是科學理論說的那樣。然而，這個說法主要的問題在於，我們也有很多數學知識，跟真實世界的物理參數扯不上什麼關係。例如複數（complex numbers），我們還沒找到複數在物理世界的呈現情況，就已經掌握了它的各種性質。

所以，我們怎麼知道一加一等於二？另一個答案是，我們可以從算數公理（the axioms of arithmetic）把它證明出來。* 不過這其實只是把問題往後推：那，我們是怎麼知道那些算數公理的？

如果你真的想追問的話，老實說我不知道。不過有個合理的說法是，算數公理根據定義為真（true by definition）。你知道算數公理，就像你知道三角形有三個角、單身漢沒伴侶、雌狐是狐一樣，是根據這些詞彙的意思。然而，算數公理和其他照定義而來的真理之間有個重要差別。就算世界上沒有三角形、沒有單身漢，也沒有

最常見的預設公理是皮亞諾公理（Peano axioms）。你只需要此公理的一部分，就可以證出一加一等於二。皮亞諾公理把數目0當作常元，如此一來，就可以把所有自然數定義成0的後繼元（successors）的後繼元。例如1是S(0)，2是S(S(0))，以此類推。接著，關於加法的兩個公理是：x + 0 = x 和 x + S(y) = S(x + y)。如此一來，要證明 1 + 1 = 2，或者說 S(0) + S(0) = S(S(0))，就很簡單。從加法第二公理，可以得出 S(0) + S(0) = S(S(0 + 0))。[2]

此處應為誤植。從加法第二公理，得出的結果應為：S(0) + S(0) = S(S(0) + 0)，再利用加法第一公理得出 S(S(0) + 0)=S(S(0))。從加法第一公理，可以得出 0 + 0 = 0。所以，S(0) + S(0) = S(S(0))。

雌狐，「所有三角形都有三個角」、「所有單身漢都沒伴侶」、「所有雌狐都是狐」依然會為真。然而，算數公理要成立，這世界上必須要存在有特定的東西，也就是自然數。因此，算數公理一方面可以說是對存在的東西有所宣稱，但另一方面又根據定義為真，這如何可能呢？

老實說，我也不知道這個問題的答案。不過我覺得可以想想看數字和「公司」這樣的東西之間有沒有可類比之處。如果特定的人在特定的條件下集合起來，然後宣稱他們組成公司，那麼一個公司就出現了。換句話說，光是我們以特定的方式談論一間公司，就足以讓它出現在世間。不過我們自己也知道，當我們談論公司，我們談論的其實是組成這些公司的人們以及他們做的事情。這些事情有點奇怪，但並非無法理解。或許數學家談論的數、張量場（tensor fields）和代數裡的環（rings）這些東西就是這樣運作的。（當然，這些東西跟公司並非完全相同。例如公司會隨時間出現和消失，而數不會。）不管如何，我們如何知道關於數的事情，這最終都取決於數到底是怎樣的事物。

起司焗雞胸肉是正宗做法嗎?

　　度假期間,我有時候會想要去海灘玩、去爬山,或者跟朋友鬼混。但有時候,尤其是我到了新地方的時候,我會想要跳脫觀光客的身分,體驗一下在地生活是什麼樣子。我會想要做當地人做的事情,去他們會去的地方,聽他們聽的音樂,吃他們吃的東西,並了解一下當地的政治。或者,我會想要做一些**特別在地**的活動。當然,或許當地人也上連鎖店吃飯、聽全國排行榜音樂、看超級英雄電影,這些都很好,但我對這方面就比較沒興趣。(這裡可能有個小問題。全球化會抹消文化差異,所以說不定我所體驗的當地活動只是某種古早、過時,甚至有點諷刺的版本。不過我通常不會太在意這件事。)

　　(**為什麼**我們在度假時會想做這些事?我並不確定。或許這是出於好奇心或對新奇事物的追求,或者我們想要藉此打開對於可能生活的想像或不想表現得像個土包子。我會猜可能各種原因都有參上一腳。)

　　問題在於,如果你是觀光客,那人們就會向你兜售的在地生活

就會是觀光客版本或觀光客口味的。當你動身去找真玩意，會發現有一大堆人也跟你一樣想找真玩意。因此若你真找到了，那可是一番成就。在這種情況下，你找到的東西就可以算是一種「正宗」，這東西是地方生活上特有的，不是為觀光客做的。

這種「正宗」（authenticity）是相對的。沒有東西是「純粹正宗」的，任何稱得上正宗的東西，都是**身為**某文化的一部分而正宗。起司焗雞胸肉也是這樣。美國大部分餐館，不管是中國餐廳，還是義大利或墨西哥餐廳，提供的食物某程度上都跟中國、義大利、墨西哥當地人真正吃的不太一樣。我發現這件事的時候滿失望的。不過這種失望合理嗎？首先，如果餐點很美味，正不正宗有差嗎？我們獲得經驗，並不總是為了熟悉其他文化。這一點也適用於所有其他文化產品。有一些音樂迷很堅持所謂**真正的**嘻哈、龐克或藍調。如果你主要是對音樂的民族誌或歷史感興趣，這種堅持或許還算合理。但這種品味音樂的方式，不嫌有點狹窄嗎？

再來，就算某餐點並不是正宗的中國菜、義大利菜或墨西哥菜，難道他不能成為相對於其他文化的正宗菜色嗎？如果我想品嚐帕馬（Parma）的在地餐點，那我就不該點起司焗雞胸肉。但如果我想品嚐北紐澤西的在地餐點，從起司焗雞胸肉開始，就會是好選擇。我們也可以用同樣方式理解炸蟹角（crab rangoon）和美式塔可餅（hard-shell tacos）。所以，擔心東西是否正宗，一方面可能誘使你忽略東西的其他價值。另一方面，當你意識到正宗是相對於文化，就可以在你過去沒想到的地方發現正宗。

但所謂正宗，並不是只有上面這種。跟人相處，有時候你會有種感覺，覺得對方「很假」，感覺他們的行為舉止，只是為了應付外界期待。這在某種意義上，他們並沒有「做自己」。你會想知

道某種文化或生活方式的真實面貌，同樣地，你也會想知道某個人的真實面貌：當他不迎合你，也不擔心你對他的看法時，他真正的樣子。有時候，我們會用「正宗」來表示上述想望。所以，除了點起司焗雞胸肉的顧客在意的那種文化上的正宗，我們也會用所謂的「正宗自我」（personal authenticity）來評價人。

就像在餐點和音樂上追求正宗可能會讓我們忽略眼前的東西是否真正好，認為自己或別人應該堅持「正宗自我」，也可能顯得嚴格且累人。或許在雜貨店幫我結帳的人沒忠於自我，而只是扮演他收銀員的角色來跟我互動，但那又怎樣？生活不容易，他的工作也不容易，而且我們都有更重要的事情要忙。或許在人們最親密的關係中，「正宗自我」有更重要的價值，任何小小的偽裝嚐起來都會像是深深的背叛。（然而即便如此，想想看：假設我在情人節送伴侶玫瑰花，而她非常喜歡。就算她只是在扮演被愛的女朋友角色，而我只是在扮演體貼的男朋友角色，那又怎樣？這些事情還是一樣美好，不是嗎？）因此，就算正宗自我值得重視，也不代表我們應該無條件在所有時候和場合恪守它。有時候，若稍微無腦從眾（mindless conformity）、形象管理（impression management）和角色扮演，就能讓你和其他人的日子好過一點，那就放自己一馬吧！

該殺死嬰兒希特勒嗎？

　　要思考這問題，方向有很多種。例如，我們可以把它理解成是在探究偉人史觀（the great man theory of history）：若你殺死嬰兒希特勒，那麼，當初促使納粹崛起的那些社會力量會彌補這個缺口嗎？或者，我們可以把它理解成是在思考如何判斷不同於現實的歷史情況：但既然我們不可能做實驗，我們該如何知道殺死嬰兒希特勒之後歷史會有什麼改變？最後，我們也可以把它理解成是在面對時間旅行悖論：假若你回到過去殺了嬰兒希特勒，那麼促使你出生的精巧因果鏈就會斷掉，你就不會出生。但如此一來，你要怎麼回到過去殺掉嬰兒希特勒？

　　然而，我想多數人心裡想的是另一個問題。假設殺掉嬰兒希特勒能避免納粹大屠殺，而且不會造成其他相應的傷害，就算是這樣，殺嬰就會變成是OK的嗎？或者更普遍地來問：基於一個人還沒做的事情而處罰他，這是OK的嗎？先給個簡短答案：能避免大屠殺，會是很棒的事。避免大屠殺，能拯救百萬條生命，這些生命比嬰兒希特勒的人生重要多了。因此，當我們殺死希特勒，只消一點

代價，就能獲得無法計算的巨大好處。

 可是這樣不會太理性化嗎？殺嬰和殺害無辜的人都是錯的，不管你怎麼做成本效益分析，都不會改變這件事。

我同意，就算我們可以確認殺掉嬰兒希特勒的好處大於壞處，我們對殺害嬰兒的那種反感依舊不會消失。並且我也不想主張說，這種強力且自動的道德反應並無道理。畢竟若失去這些反應，我們的日常生活應該不會很順遂。然而，我們也不該**總是**信任這些反應。例如，有一堆人光想到同性戀和跨種族關係（interracial relationship）就會覺得噁心，但光是這種噁心感，並不足以說明這些專情有道德問題。不過，要凌駕這些道德反應，我們也需要額外的說法。而對一些人來說，成本效益分析顯然不夠。

幸好，我們可以從另一方向來談這件事。我們身上這組自動道德反應並不是憑空冒出來的，而是先演化自我們先祖的生活環境，又受到現代文化和我們個人生活經驗的形塑。這些直覺反應得以在人類群落中散布和延續，是因為它們挺過了演化試錯的種種考驗。然而，這些直覺不見得受過現代某些情境的考驗。當我們身處的情境，跟這些道德直覺過去受考驗的情境在一些重要之處有所不同，我們就不該信任自己的道德直覺。因為這就像是拿在水底下演化出來的眼睛去陸地上觀測東西的距離和大小。有時候你得穿過表象才能看到真實。

對於用暴力對待嬰兒，我們有強烈反感。這種反感之所以會演化出來，是因為人類過去需要合作扶養小孩，而嬰兒會花費大量稀

缺資源。同樣地，傷害無罪者會讓我們感到義憤，也是因為如此一來人類才能共同生活。畢竟，要是犯不犯法都會受處罰，那守法的意義在哪？對於暴力對待嬰兒和無罪者，我們之所以有目前的道德反應，這是**因為**若缺乏這組反應，我們的祖先恐怕無法存活，更不用說繁盛。但在這裡我們得注意，嬰兒希特勒的情境跟祖先面對的情境有很大不同。在這情境裡，我們預設放嬰兒一馬會導致幾百萬人死亡。假若我們祖先動不動就得面對這種嬰兒希特勒式的抉擇情境，那我們現在面對嬰兒和無罪者的道德反應或許會完全不同。因為平常能確保群體合作生活的那些道德反應，在這些情境下反而會致命。如果我們的道德直覺在什麼地方會出問題，這就是了。

不過我們還是可以想想：你都可以殺掉嬰兒希特勒了，難道不能一開始阻止他出生就好嗎？或者說服青年希特勒繼續畫家生涯？或者其他隨便哪個不用幹掉嬰兒的做法？特別講一下，這些點子來自幫我讀初稿的一位哲學家。* 我不知道這是我的問題，還是說這是使用思想實驗來做哲學的問題，總之，對於自己當初沒想到這些做法，我覺得有點遺憾。

作者註
* Nancy McHugh！就是妳！

植物會思考嗎？

　　植物能做一些奇怪的事。他們能靠近或遠離特定刺激，像光、水、熱和觸碰。他們可以從根系或空氣散布訊號，提醒鄰近的植物抵禦來襲的威脅。同一株植物的不同部分，在危急時也能互相「溝通」。他們甚至有辦法在同種植物當中區分遠近親疏，並和親戚合作，和陌生人競爭資源。

　　若這些事情是人來做，我們會認為這足以代表他們擁有信念、欲望等等心理狀態。例如你倒彈是因為你**不想**被碰；你往櫃子上面探是因為你**認為**那邊有餅乾；你喊出「小心！」是因為你**希望**別人注意可能的危機。

　　然而，也有不少植物行為看起來驚人，但原理跟無心靈的物理系統更相似。例如老式溫度計能顯示溫度，只是因為裡面的水銀熱漲冷縮；而就算是毫無溝通能力的物體，只要開始冒煙，就足以對附近的動物釋出「有東西燒起來了」的訊息。

　　相較之下，植物是比較像人，還是比較像溫度計和著火的紙張呢？我會選後面這選項，理由如下。首先，雖然我們可以用一些

「心靈詞彙」來描述植物，但同樣一組詞彙在寬鬆或隱喻的使用下，也可以用來描述沒有心靈的物體，像是「水銀『想要』膨脹」，以及「紙張『提醒』我們它著火了」。然而，我們該怎麼分辨眼前語詞是在陳述字面的意思，還是表達隱喻？一個好答案是：照字面意義使用的語言，能協助我們對行為做出更好、更簡明的預測和說明，並且不會失去太多準確度和精密度。這些事情都是程度上的。愈照字面意義使用語言，就能把愈多預測和說明做得愈好愈簡明。反之，我們就會失去愈多準確度和精密度。例如，「溫度計裡的水銀想要膨脹」是很不準確的說法，它稱不上是什麼說明，並且也沒有比「溫度計裡的水銀在正常氣壓下以某個速度膨脹」簡明到哪裡去。用心靈詞彙來描述植物行為，其實也半斤八兩。例如，若問你「向光性」是什麼，你說就是「植物想要朝向光」，這根本稱不上什麼解釋。對於向光行為，用演化和化學詞彙可以建立更準確好用的說明。

第二個理由是，人類和植物在「思考」上至少有兩點差異。第一個是，我們的思考**不倚賴當下刺激**。就算面前沒有炒飯，我也可以思考關於炒飯的事，例如考慮今天要做什麼當晚餐。有些植物面對威脅時會發出訊號，但當面前沒有威脅的時候，這些植物還能思考關於威脅的事嗎？第二點差異是，對於同一個東西，人類可以進行好幾種不同的思考。你知道我心裡掌握了關於蘋果的概念，不但是因為我有一些關於蘋果的信念，像是蘋果有紅的有綠的、長在樹上之類，也是因為我可以有各種關於蘋果的態度，像是想吃蘋果、想像有蘋果是藍色的之類。哲學家有時稱這為**普遍性限制**（generality constraint）。[1]在我看來，就算植物有思考可言，這種思考也不符合普遍性限制。例如，植物當然有能力趨光，但植物有能

　　　　　　　　　　　　　　　　　來問問哲學家

力進行其他任何跟光線有關的思考嗎？

　　所以我對植物能否思考抱持懷疑，一方面就算植物能思考，我們也不確定能從這推論出什麼新想法，另一方面，那些看起來像是植物在思考的案例都倚賴當下刺激並且不符合普遍性限制。我懷疑，我們之所以傾向於認為植物具有心靈，這就像我們的祖先傾向於認為風、河流和火山具有心靈一樣，是因為我們的大腦拚了命在偵測心靈。因此我們從植物身上看出心靈，就像我們從烤土司上看出臉孔一樣。我們無法克制自己把各種東西看成臉孔，在意料之外的地方發現臉孔令人驚奇且沒害處。但靜下心來我們會意識到這滿傻的。就算我的早餐看起來長得真的很像聖母瑪利亞，我也偷偷放在心裡就好……

譯註 1　粗略來說，普遍性限制是在描述，如果你心裡有個概念，這個概念就能夠普遍參與各種思考活動，像是成為心靈態度的對象和其他概念互相組合等等。

佛教到底算是宗教還是哲學？

小孩子才做選擇。想想看，宗教通常有哪些特色？

- 有特定的道德信念：像是伊斯蘭教和猶太教都有飲食規定，有些宗教則在語言方面有禁忌。
- 有特定的超自然信念：像是神、來生、投胎、梵。
- 有掌握部分核心教義的單一先知：像是摩西在西奈山領受十誡、穆罕默德夜行登霄。
- 有文字或口語的聖諭：像是聖經、埃及的《死者之書》、印度教的《薄伽梵歌》。
- 雖然有些有爭議，但總有些方法來決定誰是宗教成員：像是基督教的洗禮、猶太教的母系傳承。
- 有代表宗教權威的階級，像是僧侶、牧師、伊瑪目、薩滿。
- 有神聖儀式，像是祈禱、冥想、生命週期儀式（life cycle ceremonies）。

佛教分很多種，但多數都擁有上述全部特色。例如，以脫離輪迴為目標的八聖道分¹大致上就是一種道德系統；投胎轉世則是超自然信念；許多佛教徒相信神靈或其他世界的存在物，也相信這些事物向佛陀揭露了智慧，或者佛陀從頓悟中獲得了智慧；不同的佛教教派有不同經典，例如《巴利三藏》，並且以不同方式區分成員，但整體來說只要接受四諦，就可以算是佛教徒；佛教有僧侶，也有誦經冥想等儀式。當然，我相信你可以湊出某種「宗教」的定義，來容納所有其他宗教並且把佛教排除出去，但這會很像是先射箭再畫靶，幹嘛費這心思呢？

　　不過另一方面，我講過話的佛教徒倒是全都堅持佛教是哲學而非宗教。＊他們這樣說是想要表達哪種想法，我不是很確定。或許他們是想要強調，佛教的信念和行動是謹慎思考的結果，或者能受到理性辯護，或者可以在面對反證時修正。或許他們的意思是，有些佛教說法能用來回應哲學問題，像是無我、二諦，以及八聖道分裡關於道德的部分。（什麼是自我？我和兩歲的我是同一人，這種同一性的基礎是什麼？真實的基本結構是什麼？我該如何生活？）也或許他們的意思是，有些人就算不放棄原本的宗教信仰，也可以接受佛教的信念和行動。或許他們只是認為，把一組信念和行動稱

 八聖道分是佛教對為人處世的指引，包括見解、思維、語言等八道。

 有些人認為這整個說法是在回應佛教以「現代化」的形式輸出到西方這件事。也許吧，不過有這麼多人習慣說佛教是哲學，這還是很有趣，在我的經驗裡，在美國長大的歐洲裔佛教徒，和在日本長大的佛教徒都是如此認為。

呼為哲學，是一種表達敬意的說法。上面這些意見我都不反對。當然，從小就信佛的孩子並不算是藉由謹慎思考得到關於佛教的信念，並且，某些佛教教派關於宇宙和神的看法看起來並無法跟其他宗教共存。不過如果稱呼佛教為哲學的意思是指，佛教徒是藉由反思和批判來修行，因此算是在做哲學，那也沒什麼不可以的。

但是大部分佛教徒都是在佛教團體裡從小被當成佛教徒養大的。如果一個人的信念和行動，純粹只是來自從小父母的教導，或者來自他們順從所屬的社群，那這根本不算哲學。

我同意。如果一個人不反思也不批判，無條件接受父母和社群告訴他們的說法，那麼若主張這些信念稱得上是哲學，會帶來一些誤導，讓人認為這些信念跟哲學家研究的東西一樣講道理。

不過在這裡「不反思」和「不批判」恐怕沒這麼單純，幾個理由：首先，哲學思考通常貼近當下時空的常識。像是，古希臘哲學家通常會同意其他古希臘人的看法；中世紀教會哲學家則都是，嗯，中世紀基督教徒；而在當時普魯士路德教派眼裡，康德在道德方面的結論根本不算新奇。* 而且在這些例子裡，我們都很難明確指出日常共識和哲學之間的界限。然而即便如此，我們依然可以合理

 讓我們參考打臉專家尼采的說法：「說個關於康德的笑話：康德想要藉由一般人無法理解的方式，去證明一般人的看法是正確的。這就是這人暗地開的玩笑。康德駁斥學者意見來支持老百姓，但這不是為了老百姓，而是為了學者。」

地說，上述這些人都是哲學家。

再來，哲學思考總得有某個起始點。當你開始哲學思考，就算你起始的、暫時性的信念跟你身邊的人一樣，那又有什麼關係呢？

第三，「有哲學想法」和「做哲學」是不一樣的，我們得分清楚。只要你做好準備回答某些哲學問題，那就足以表示你有你的哲學想法。當我們描述說，某人有他的哲學想法，聽起來我們是在認可這些想法具備某種特殊地位。但其實不是，就算你的哲學想法不融貫、模糊，或者根本沒想清楚，它們依然是哲學想法。另一方面，「做哲學」就不只是擁有哲學想法就行，你得要進一步思慮，並且克服困難去改善和精練自己和別人的哲學觀點。因此，經過「做哲學」程序產生的信念較為嚴謹，更值得受到重視，這些特色並不是隨便什麼信念都有的。或許所有佛教徒都有哲學想法，但並非所有佛教徒都是藉由「做哲學」來獲得這些想法。

最後，歷史上的西方哲學家一直習慣忽視歐洲傳統之外的思想和著作，說它們**只是**宗教。如果主張佛教算是一種哲學，可以協助我們擺脫這些壞習慣，那我附議。

東西有可能「廢成經典」嗎？

　　有時候東西很廢（bad）我們還是喜歡，有時候我們喜歡一個東西，就是因為它很廢。想想看搖滾樂團Shaggs那張《Philosophy of the World》、歐洲歌唱大賽的經典歌〈My Friend〉、〈Facebook Uh, Oh, Oh〉，電影《房間》（*The Room*）、《魔界屋2》（*Troll 2*）、《公主鬧雙包》（*The Princess Switch*），畫作《空中的露西和花》（*Lucy in the Sky with Flowers*）。你可以在美國糟糕藝術博物館（Museum of Bad Art）找到更多這種東西。[1] 我們就把上面這類東西稱為「廢成經典」

譯註
1

〈My Friend〉這首關於友誼的歌由克羅地亞歌手 Jacques Houdek 自己跟自己對唱，他一邊用流行歌唱腔，另一邊是用聲樂。〈Facebook Uh, Oh, Oh〉是一首諷刺社群網站文化的歌，被《富比世》（*Forbes*）專欄作家 Ewan Spence 稱為「歐洲歌唱大賽幾年來最尷尬的歌」。2003 年的《房間》和 1990 年的《魔界屋2》都因為劇情對白的品質各種糟糕而出名，甚至被認為是故意製作的黑色幽默作品。2018 年的《公主鬧雙包》因為各種 bug 成為網路討論焦點。最後，《空中的露西和花》這幅畫就跟上述所有東西一樣，值得你 google 來看一下。

好了。[2]

不過，「廢成經典」這種事情如何可能發生？畢竟若一個作品很廢，我們應該不會喜歡。認為一個東西廢，跟不喜歡這個東西，難道不是同一件事嗎？

這問題出現在攤位上時，我們另一位哲學家主張「廢成經典」很多時候涉及「反諷地去喜歡東西」（liking things ironically）。我覺得這聽起來沒什麼問題，問題是「反諷地去喜歡東西」到底是怎麼一回事。我能想到比較常見的反諷，包括「戲劇性的反諷」和「溝通上的反諷」。在戲劇性的反諷裡，關於劇中角色，觀眾掌握的資訊比角色本身還要多。而關於溝通上的反諷，至少就我比較相信的說法來看，如果有人是帶著反諷做一件事，那他想表達的，其實是他本來不會這樣做。然而，「廢成經典」這種「反諷地喜歡」似乎不是戲劇性的，也不是溝通上的。就算人對自己處境有全盤理解，並且不是處於溝通情境下，依然可以反諷地喜歡某事物。再者，若你用反諷的方式向人道謝，你並不是真的在表達感激，但若你反諷地喜歡某東西，你是真的喜歡。考慮上述，我目前的看法是：若你反諷地喜歡某東西，代表你雖然喜歡這東西，但這是因為你基於好玩為它暫時放下了自己平常對這類事物的價值標準，而且你對此心知肚明。

然而，我也覺得這不是「廢成經典」的唯一途徑。如果「廢成

譯註 2　「廢成經典」的原文是「so bad it's good」。在這篇文章裡，作者討論的這個概念在中文世界似乎沒有對應，這可能讓你比較難理解他面對的是什麼問題，以及他的答案是否有道理。有時候我們會以「廢到笑」來描述事物，我想你可以把他討論的那些東西理解成這類事物當中特別經典，因為太廢而反而為人所知的那些。

經典」的東西算是經典，它一定在某方面稱得上是好東西。至少在我可以判斷的範圍裡，這類東西並不算雅致、有深度、動人或者有啟發性。然而它們依然有下列優點：（a）它們很好笑。*（b）它們很ㄎㄧㄤ（flabbergasting）。而這讓我忍不住想知道為什麼會有人去做這樣的東西，為什麼可以把它們搞得這麼怪。

　　這也能說明為什麼有時候當我們對「廢成經典」的東西多一點了解，我們對它的感覺也會變得複雜。像是，在了解Shaggs的童年和解散後有多貧瘠之後*，我對於享受（？）他們的音樂這件事就感到不安，像是被揍了一拳一樣。但後來我給了自己方便的說法：Shaggs本身也不享受他們的音樂，即便唱片解說文字表明Shaggs愛我們，而且出唱片並不是他們自己的主意。所以我不算是在嘲笑他們（起碼不是在特別貶低的意義上），而只是在嘲笑他們的音樂。

 「廢成經典」為什麼會讓人覺得好笑？有些哲學家認為，當我們覺得東西好笑，這是因為這東西讓我們感到自身比其他人優越，或者比過去的自己優越。這說法很能說明「廢成經典」的好笑。要能拍出《房間》裡那種對話神韻，一個人得要有整套自大、詭異、厭女和心不在焉的特質，還好我沒有。而且就算我有那些特質，我應該也有充分自知不要把這些東西拍成電影。若要普遍說明什麼是好笑，上述優越感理論不會成功，你不用幾分鐘就可以想到一堆反例。然而，我想有時候「好笑感」確實來自於我們認為自己比較優越。不過，為什麼並非所有很廢的作品都能稱得上是「廢成經典」呢？這我就不確定優越感理論會怎麼說明了。

作者註* 參考資料：蘇珊‧奧爾琳（Susan Orlean）的文章〈Meet the Shaggs〉收錄於《紐約客》September 22, 1999，你可以在這裡看到：https://www.newyorker.com/magazine/1999/09/27/meet-the-shaggs

有時候「廢成經典」的作者理解自己正在做爛東西，有時候他們不知道，在我看來這兩者之間有重要的道德差別。在後面這種情況裡，當我們嘲笑作品，我們也同時嘲笑作者沒有自知。但在前面那種情況裡，我們可能只是在嘲笑作品，頂多再加上覺得作者的神經實在太大條。

這是為什麼我不喜歡把小孩的作品描述成是「廢成經典」。沒錯，小孩通常對於自己的藝術能力沒有足夠自覺，但因此嘲笑小孩有點沒品。

對於喜歡雷根糖和不喜歡雷根糖的人來說,雷根糖吃起來是同一個感覺嗎?

不管你喜歡哪個答案,都有很有說服力的論證可以參考。

同一個感覺	不同感覺
攤位上有個小孩舉例說,這就像是你分別吃了兩顆同樣的雷根糖,第一次吃你很喜歡,而第二次吃就不一樣了。這不是因為你的味覺什麼的有所改變,而只是因為你吃不下了、最近吃太多糖果,或者純粹沒那個吃糖果的心情。在這些情況下,吃雷根糖的感覺並沒有變。如果對於同一個人來說,在你喜歡吃跟不喜歡吃的時候,吃雷根糖的感覺	如果對愛好者和厭惡者來說,雷根糖吃起來個感覺都一樣,就代表一個東西吃起來的經驗本身,跟人是否享受吃這個東西的經驗並不相同。但這兩者很難區分。若這兩者有區分,就代表在甜、鬆軟等經驗之外,還有一個獨立的經驗叫做「享受」。然而這種經驗到底是什麼感覺?人可以享受不同食物,甚至享受其他不是食物的東西,這些享受

　　　　　　　　　　　　　　　　　　來問問哲學家

都一樣，那麼雷根糖的愛好者跟厭惡者嚐起來感覺應該也是一樣的。

如果你請愛好者跟厭惡者介紹他們吃雷根糖的經驗，我敢說他們講的應該相差無幾：甜甜的、外硬內軟、顆粒感、吃完嘴有點乾等等。若是這樣，最簡單的解釋就是對這兩群人來說雷根糖吃起來是一樣的。

的經驗都是同一種經驗嗎？我們很難找到什麼有意義的說法，去說從吃美味酸黃瓜得到的享受經驗，跟從吃美味雷根糖得到的享受經驗是一樣的，畢竟它們是完全不同的食物。

並且，愛好者跟厭惡者對同一種食物的描述也常常完全不同。像是不喜歡香菜的人會說香菜有肥皂味，喜歡的人則不會這樣認為。對於兩者而言，香菜顯然嚐起來並不一樣。當然，在雷根糖的例子裡，除了說自己喜歡或不喜歡，或許愛好者和厭惡者不會用不同方式來描述自己吃的感覺，但這可能只是因為我們還沒有恰當的語言來描述這些差異。所以，如果普遍來說愛好者跟厭惡者會從同一食物嚐出不同感覺，那吃雷根糖的時候當然也一樣。

好吧，那現在怎麼辦？空間是無限的嗎？超越物質世界的必然事物（aka 上帝）存在嗎？對於這些難解的哲學問題，總是有許多互相矛盾的答案。對此現象，在《純粹理性批判》（*Critique of Pure Reason*）

的一個有名章節裡，哲學家康德介紹了在他看來具備充分說服力的一個論證。照康德的說法，這些事情會這樣，是因為我們一開始問錯問題了。

我們小康德遇到的問題或許比雷根糖嚴峻許多，但我們的處境依然可能類似。例如，你或許覺得上述兩種說法只是在爭議詞彙的意思。雷根糖的愛好者和厭惡者吃雷根糖的時候有他們各自的感受，我們對此並無意見。我們有意見的是，要不要把這些感受當中那些有差異的部分描述成是「嚐起來的感覺」的差異。如果東西嚐起來的感受包括了你是否享受這東西，那愛好者和厭惡者嚐起雷根糖的感覺就不同。反之，則相同。

不過我是感覺事情沒那麼簡單。原來的問題是問說：在人們是否享受食物之外，愛好者和厭惡者吃東西的感受是否依然總是不同，或者必然不同？答案很難確認，不過這並不是無意義的問題，也不是模糊到無法回答或者純粹詞彙爭議的問題。*

不管如何，在這問題上我頂多只能說我還不知道答案。不過硬要說，我傾向於支持「同一個感覺」那一邊。他們提出來的第一個

 作者註 ＊ 這裡我略過了許多關於品嚐的刁鑽問題，以下稍微介紹。人們一般認為品嚐東西的味覺發生在嘴巴裡，但其實東西嚐起來如何，跟鼻子也很有關聯。我們的一般認知是一回事，而跟心理學告訴我們的則是另一回事，這當中的差距，恐怕影響了不少跟味覺有關的直覺。在各種感官裡，我們的嗅覺跟內建情感的記憶特別緊密相關。然而，這代表品味覺跟享受的關聯有別於，像是，視覺跟享受的關聯嗎？味覺嚐到的對象可以是完整的東西，像是一顆雷根糖，但它也可以是東西的性質，像是煙燻味。在這之中，有哪個是味覺的真正對象嗎？若有的話，會對這篇文章討論的雷根糖問題有什麼影響呢？

論證很有說服力。對我來說很明顯，同一種東西吃太多，會逐漸覺得不好吃，即便味道不見得有改變。（**在一些情況下**味道確實會改變，像是辣的東西吃太多會讓嘴巴辣到受不了，鹹的東西吃太多會讓嘴巴乾到受不了，但這並非一定。）我們沒辦法真的成為別人，親身體驗他們吃雷根糖的感覺，但我們可以觀察自己在不同時間吃雷根糖的感覺，而這也足以想像別人吃起來是怎樣。然而，「同一個感覺」的第二個論證就薄弱許多。畢竟，要未受訓練的人去描述自己吃東西感覺到什麼味道，這是很困難的。

相對的，「不同感覺」這一組的論證也沒有那麼禁得起考驗。他們的第一個論證用直覺從吃雷根糖的整體經驗裡梳理出不同元素和零件。這些直覺涉及難解的心理學問題，這些問題場景離日常比較遙遠，因此不是我們靠日常生活經驗能判斷的。支持「不同感覺」的第二個論證，則預設了一個有爭議的前提：人類對食物的偏好差異，都像是喜不喜歡香菜那樣。然而，有些食物偏好跟基因有關，香菜就是這種；有些偏好則來自文化適應（enculturation），像是某些區域的人特別喜歡吃辣；也有一些食物偏好主要來自個體差異，這讓同一個社會群體裡的成員，也可能喜歡和討厭不同食物，像雷根糖。根據以上，關於食物吃起來的感覺跟是否享受食物之間的關聯，我不覺得我們該期待有個統一的說法，能適用於各種食物偏好。

思考我們自己的經驗，竟然得要如此間接，很有趣吧！西方哲學有個悠久傳統，認為我們從感官得到的直接資料，是我們了解外在世界的唯一線索。但我認為，從上述討論的發展方向看來，這個傳統值得質疑。

總之，如果你喜歡雷根糖，那你一定絕對是哪裡搞錯了，酸味的除外。

你想做個蜻蜓的雕像，結果做出來像是蜜蜂，那它到底是蜻蜓的雕像還是蜜蜂的雕像？

蜻蜓的。在我看來，我們會感覺這雕像表徵了蜜蜂而非蜻蜓，完全是因為關於表徵（representation）的相似論（resemblance theory）很吸引人。照相似論的說法，一個東西的表徵必須跟這東西相似。假設我在心裡想一隻犀牛，我想的東西之所以是犀牛而不是河馬，這是因為我的心靈圖像長得像犀牛。歷史上許多重要哲學家支持相似論。不過現在我們知道相似論是錯的，至少有兩個理由可以指出這件事。

首先，看起來不像的東西也能用來表徵。地圖上可以用藍色來表徵支持民主黨的州，但其實並沒有哪個顏色比其他顏色更像特定的政黨。還有我最喜歡的例子：你有沒有做過那種夢，夢裡你回到了童年的家，但那個房子跟你實際上待過的地方根本不像？事實上，你夢到的房子有可能跟真實世界的另外某個建築長得一模一樣。這種夢可以用來討論很多議題，其中一個就是它能指出相似論站不住腳。當你**夢到**小時候的家，無論那個地方長怎樣，你都不是用夢中房子的樣子來判斷自己身處何處。

再來，若一個理論要說明表徵，它也必須說明有時候我們會在表徵上出錯（misrepresentation）：有時候一個東西的表徵會顯示一些這個東西根本不具有的性質。若表徵的相似論為真，那我們似乎不可能在表徵的時候出太誇張的錯。假設有人委託我畫小布希總統的肖像。我畫畫不怎麼樣，最後畫出來的東西看起來完全不像小布希，反而湊巧看起來很像某種我從來沒見過的狐猴。在這種情況下，我並不是畫狐猴畫很像，而是畫小布希畫得很不像。換句話說，你不能說我完全沒做完工作，頂多只能說我做得很爛。

若你覺得上述有道理，可能會因此認為那個雕像**不是**蜜蜂雕像。然而那個雕像**是不是**蜻蜓的雕像呢？我們現在還不知道。這問題相當刁鑽，但我可以稍微描述一下我覺得的答案。想想看，蜻蜓在整個雕像製作當中，扮演了怎樣重要的因果角色。假設某天有人看到蜻蜓，於是造了「蜻蜓」這個詞來指涉屬於此物種的生物。這個詞逐漸散布，昆蟲學家也逐漸修正其意義。接著，某天我知道了昆蟲學家都是怎麼使用「蜻蜓」這個詞的。現在，不管我公開或私下說某東西是蜻蜓，都是照著此用法來分類。以上，你可以看到一條因果鏈，一端是世界上真正存在的蜻蜓，中間經由人類語言傳遞，最後來到我腦子裡成為某種心靈存檔，每次我想到蜻蜓，都會打開來查閱。接著，這個心靈存檔跟我製作的雕像產生因果關係，影響我製作這個雕像。另一方面，就算我的雕像長得像蜜蜂，這也不是因為蜜蜂對雕像的造型之間有什麼因果關係，而只是因為我雕得很爛。所以這雕像到底是什麼？從上述思考可以生出一個不錯的說明：這之所以是蜻蜓雕像而不是蜜蜂雕像，是因為蜻蜓在雕像製作過程當中扮演了重要角色，就像我爺爺說的：「東西能用最重要。」

不過我得提醒大家，上述這還不算是一個一般性的表徵理論。特別是，這理論沒辦法處理不存在的事物的表徵問題，像是神話生物、已經被推翻的理論預設存在的那些東西、免費的午餐（X）之類。因為這些東西不存在，所以無法在催生其他事物的因果鏈當中扮演角色。這樣說吧，要是你能搞定不存在的事物的表徵問題，拿個哲學博士也不成問題。

　　一對母子來到攤位，兒子看起來五歲左右。媽媽跟我們其他哲學家講話，我跟小孩聊，他熱切跟我介紹怎麼用清菸斗的通條做一隻熊蜂出來。他的說明非常詳盡，於是我花一點時間介紹那個蜻蜓問題給他。當我邀請他一起想這問題，小孩忽然靦腆起來。媽媽發現了，接手把問題重述了一次。小孩回答了問題，答得很好。

　　人們跟你聊像是煙斗通條什麼的都完全OK，但是話題一旦變得哲學，他們就會開始扭捏，這滿怪的。是因為那個哲學問題很難理解嗎？還是說大家擔心自己講出傻答案？或者是其他原因？總之，把蜻蜓問題列進這本書，我想算是有點作弊，不過我覺得這是很有趣的問題。我保證其他每一個問題真的都是人家訪客問的。

為什麼理論簡單是好事？

　　不管是科學上還是常識上，相較於比較複雜的理論，我們更喜歡比較簡單的理論。如果你足夠留意，這種偏好無所不在。在我們還相信地球是宇宙中心，所有東西都繞地球轉的年代，天文學家得在他們的宇宙模型裡添加一堆有的沒的幾何學玩意，才能說明某些和理論衝突的現象。*1 相較之下，哥白尼日心說的一個優勢，就是拿掉了許多這類小玩意。再更近代些，喬姆斯基（Noam Chomsky）對心理學上行為主義的有力批評，就是他們需要預設一堆驅力（drives）才能說明動物如何學習事情。或者看看另一種例子。假設這裡有兩個變量，我們蒐集了一些相關數據來運算，發現數據的分

 聽過人家說「這根本就是在理論上加副輪（adding an epicycle）嘛，笑死」嗎？這就是在講這個。

 副輪（epicycle）是地心說時代常見的天文學模型預設，預設天體並不是直接繞地球轉，而是繞著某個繞地球轉的虛設點轉，如此一來，當時的天文學家就可以說明水星逆行（你沒看錯）之類的怪異現象。

布大致符合一條U形曲線。但我們也發現，有另一個彎彎曲曲像蚯蚓一樣的曲線，需要更多公式才能描述，但可以完全說明他手上的數據。這時候，大部分科學家會說，這兩個變量之間的真正關係是那個大致上呈U形的曲線，而不是那條蚯蚓線。

這些偏好很自然，但也滿怪的。畢竟這世界本身就不是什麼簡單的東西，如果理論是要用來描述和說明世界裡各種細節的運作，偏好比較簡單的理論難道不會讓我們搞錯事情嗎？

所以，這種偏好到底哪裡有道理？有種回答是說，這是因為我們對理論的期待，**並不只是**描述和說明事情是如何運作。像是，我們也想要理論優雅或美，並且可能因此比較喜歡簡單的理論。但這聽起來不是很正經。如果你那麼在乎理論的優雅和美，幹嘛要當科學家，幹嘛不去當作家？

同個方向，但稍微正經一點的說法是，簡單的理論比較容易使用。理論必須應用和測試，如果一個理論複雜到無法應用和測試，它實務上是沒用的。這說法很實在，但沒法走太遠。因為我們顯然樂於接受一些目前還不知道該如何在特定情況應用的理論。例如，在牛頓之後幾百年，我們依然不知道怎麼解決三體問題（the three-body problem）：在封閉系統裡給定三個東西的位置和初速，根據牛頓運動定律，它們接下來會怎樣？此外，假設有個理論說，兩個變量之間的關係是條複雜難解的蚯蚓線，給定一個變量，對**我**來說，要用這理論去計算另一個變量的值並不實際，但對電腦來說，就是另一回事了。如果我們喜歡簡單理論只是為了方便計算，那隨著計算機進展，這偏好應該會削弱。但就我觀察，這事情並沒有發生。

要回答這問題，我們得回頭看看它背後的前提：簡單性跟真理有衝突。至少有個方向，讓簡單性跟真理能齊肩並行。哲學家叫

它「複雜理論」（complex theories），統計學家和搞機器學的人叫它「過適」（overfitting），也就是過度修改模型去適應數據。過適的一個問題，叫做「偏差和方差之權衡」（the bias-variance tradeoff）：當模型可以愈精確的描述舊數據，就愈不容易精確的描述新數據。一個有百萬個參數的模型，或許可以完美描述特定的樣本，但要應用於更廣的母體時，就是一場災難。而只有一小組參數的模型，雖然不能完美契合既有的樣本，但會更能處理新數據。以這種思路，我們也可以重述前面喬姆斯基對行為主義的批評：當行為主義者為了說明已知的學習現象而預設愈多內在驅力，他們的理論就愈難準確預測我們尚未觀察到的學習現象。這裡其實有更多可說的，像是若讓模型過度適應數據，模型就會連帶包容爛數據和雜訊。所以追求簡單的理論，也是在篩選好壞資料。我們偏好簡單的理論，因此不容易讓理論過度適應已知現象，這不但讓我們更容易準確預測新東西，或許也讓我們對舊東西有更好的掌握。[2]

當然，上述討論並沒完全解決問題。就算對於某母體，我們已經取得了所有想要的資料，我們依然可能偏好簡單的理論勝過複雜的。既然手上已經有完整的資料，那前述偏差和方差之權衡自然就不在我們考慮之列，無法用來說明此偏好。那麼，這時候我們是基於更前面那個無關真理的實務考量，去偏好簡單的理論嗎？還是說，簡單性和真理之間有其他我漏掉的關聯呢？

譯註 2 偏差（bias）和方差（variance）是判斷（或預測）可出現的兩種誤差。若偏差高，代表判斷系統性地偏離正確答案，例如灑一把火柴在地上要人猜有多少根，結果有人每次猜的數字都比實際大很多。若方差高，代表人面對同樣一地火柴，每次猜出來的數字之間卻有很大差異，就像有高度隨機一般。照這裡的說法，當模型過適，雖然可以準確描述舊數據，但（或許是因為舊數據當中的雜訊被忠實呈現在模型上）也會在預測新數據時，產生很高的方差。

如果超人的力量是從太陽來的，為什麼他沒曬黑？

　　先說，當然有可能這問題沒有好答案，因為那故事本身不完全一致。然而我們還是可以探索一些可能性。為什麼超人沒曬黑？超人是氪星人，或許氪星人本來就不會曬黑。曬黑是皮膚受傷的結果，或許超人本來就免疫大部分的皮膚傷害。或許超人真有曬黑，只是程度很低，在漫畫和電視上看不出來。又或許我們可以跳到故事之外來思考這個問題，有個哲學家 * 曾向我提出一個可能性：超人不曬黑，是因為超人誕生於一個崇尚白皮膚的文化。

　　思考上面這些滿有意思的。不過比起回答問題，我更有興趣的是發問的人當初怎麼會想到要問這個。若我沒記錯，這位朋友有次看超人電影，忽然發現了這個小小的不協調，而他發現自己愈深入思考這個問題，就愈無法沉浸在電影中。這顯示了一個真正的哲學和心理學問題。要沉浸在故事裡，是需要條件的。這些條件讓故事

 作者註

＊　再次感謝 Nancy McHugh！

裡的事件能像真實的事件一樣引發我們的情感反應，讓我們對角色產生共鳴、從角色身上看見自己、感受到角色的處境。或許這些條件也促使我們想像故事裡的東西看起來如何、會發出什麼聲響和味道。這些條件讓我們在乎接下來的劇情進展，以心理學用語來說，這些條件把我們「傳送」（transport）到了故事裡。我們可以入戲，當然也可以出戲。在這時候，我們的感受、想像和好奇心、我們代入的角色就逐漸不來自故事，而來自故事之外的世界。這個問題，我們可以這樣問：為什麼那個超人曬黑的問題會讓這位朋友出戲？或更普遍的問：是什麼讓我們入戲和出戲？

（這跟哲學家所謂的「虛構事物悖論」〔the paradox of fiction〕有關。對於我們明知沒發生的事情，我們通常不會有情感反應，那麼，既然讀小說的人知道自己只是在讀小說，為什麼會有情感反應？就像前述問題，這是關於我們怎麼說明人們對故事的實際反應。若我們能對虛構事物悖論給出好答案，這答案該能協助我們理解，到底是什麼讓人入戲和出戲。然而，虛構事物悖論跟我們面對的問題還是有點差異。首先，在入戲的各種現象裡，這悖論只關注情感反應。再來，這悖論只關注為什麼我們會對劇中的事情有情感反應，而沒有要我們把入戲的條件都給列出來。）

人們可以因為很多原因出戲：劇情太難懂、內容乏味、對白不好、演得差、劇情節奏有問題、邏輯不一致、角色行為不符合人物設定、演出太灑狗血之類。當然，這些因素對不同觀眾也有不同影響，多數人顯然不會因為超人曬黑的問題就出戲。這些影響到底是如何產生的？這是心理學的問題。但有一種特定的出戲，哲學家曾經花不少時間思考。

先講個小故事：

黃上校是個好人，不過他下午都會在圖書館小睡，然後超大聲打呼，大到能震落架上的書。藍夫人整天在圖書館讀書，但完全不能專心。藍夫人超不爽，每次她快沉浸到故事裡，就會被黃上校的鼾聲扯出來。某天，藍夫人有個好點子。她鼓起勇氣，潛行到黃上校身後，用燭台把他痛毆一頓。世界終於安靜下來了，感謝藍夫人的努力！藍夫人把案發現場恢復原狀，確保自己不會被逮，接著埋頭回到自己的書裡。黃上校安息了，而藍夫人也安心了。藍夫人知道自己做了對的事，沒錯。

　　上面這故事把藍夫人寫成英雄角色。但這故事安排得有點奇怪。你讀這故事時，可能會想像黃上校的鼾聲或藍夫人收拾謀殺場面的樣子，但你不會真的去想像說，藍夫人殺黃上校是一件**正確**的事。就算故事擺明告訴你藍夫人做的是對的，要說在這故事裡藍夫人做的事情**正確**，似乎依然有點違和。這件事有點奇怪。我們可以想像，也可以接受包含各種奇奇怪怪東西的虛構世界，有X光視覺和超級怪力的外星人在天上飛來飛去，從眼睛射出雷射，這些我們都OK。但面對道德上不同於現實的虛構世界，我們會很糾結。這是為什麼呢？哲學家把這個小糾結稱為「抵抗想像的問題」（the puzzle of imaginative resistance）＊。事實上這裡有兩個問題，一個關於心理學，一個關於形上學：首先，為什麼我們很難想像藍夫人真的做了對的事情？再來，為什麼就算故事擺明了說藍夫人做了對的事，在這虛構世界裡，藍夫人依然不算是做了對的事？

　　這顯示了，像道德信念這類會引發「抵抗想像」的信念，和我們對於一般事物的信念有重要差異。或許那是因為人類特別小心守衛道德信念，就連想像一些「道德上可能的情況」也不願意，擔

心自己的道德信念會因此受污染。也有可能人類是用無關道德的事實來判斷道德事實，因此若故事想要在不調整前者的情況下改變後者，就會讓人感覺矛盾。或者，考慮這個我特別喜歡的選項：比起日常事實信念，道德信念更像是情感、欲望和計畫，因此想像道德上的可能性，跟想像事實上的可能性，不是同一回事。

 有些哲學家不認為人們會「抵抗想像」那些他們真的相信的故事，不過我覺得有可能。《聖經》裡面到處都是上帝做糟糕事情的紀錄。在〈撒母耳記下〉，背著約櫃的公牛步伐搖晃，有個人走過去想扶，結果就被上帝殺了。當然，因為這是上帝做的，所以這故事是要把它呈現成好事。至少猶太傳統確實試圖藉由**註釋書**和背景補充來為上帝的行動提供合理性。至少，把註釋書理解成是在應對原版故事造成的「抵抗想像」，這並不違和。

真有什麼東西是隨機的嗎？

通常我們會說，若骰子是公正的，擲骰結果就是隨機的。根據我們對機率的不同詮釋，上面這說法可以有好幾種意思。例如，照嚴格的頻率論詮釋（strict frequentist interpretation），這句話是在說骰子被擲了超多次，而擲出每個數字的次數大致相等。而依照假設的頻率論詮釋（hypothetical frequentist interpretation），這句話是在說**如果**你擲骰子超多次，擲出每個數字的次數**會**大致相等。若依照主觀的貝氏詮釋（subjectivist Bayesian interpretation），這句話是在說，對於骰子的任何一面，對於任何擲骰行動，你都以六分之一的程度相信該面會朝上。* 而粗略來說，依照客觀的貝氏詮釋

作者註 * 「貝氏」指的是早期機率學家湯瑪斯・貝葉斯（Thomas Bayes），貝氏定理就是從他的名字來的。貝氏論者用打賭來理解信念可以有程度這件事。若你六分之一程度相信下一次會擲出五，若賭贏的回報是六元，你就會願意出一元去賭。但要拿這個去描述一般人的賭博決策，真的不會比擲骰子準。對，笑點是故意加的。

（objectivist Bayesian interpretation），這句話是在說，給定你手上可得的資訊，一個足夠明理的人，對於骰子的任何一面，對於任何擲骰行動，他都會以六分之一的程度相信該面會朝上。

在上述所有詮釋之下，骰子都可以是隨機的，而且是**真正地**隨機。對於這些詮釋仰賴的東西，你可能有所懷疑，像是關於那些與現實不同的假設情況，還有像是我們是否真能以六分之一的程度去相信事情。但若暫時把這些懷疑放在一邊，上述每一種對於隨機性的詮釋都可以正確描述真實世界裡骰子的運作。這裡有件重要的事值得記住，關於隨機性的數學理論是純粹的抽象架構，讓我們可以用來討論真實世界裡東西的某種理想狀態。我過去學機率和統計的時候曾經超級無敵困惑，真希望那時就有人跟我講這些。

不過我總覺得這樣不會讓問這問題的人滿意。就拿上面那個嚴格的頻率論詮釋來說好了。就公正骰子而言，如果我擲夠多次，每個數字出現的次數確實會差不多相等。但假設我擲一次骰子，然後出現五。這是否代表，若我以**一模一樣**的方式和力道再擲一次，這骰子會以同樣的方式彈跳，然後出現五呢？若是這樣，我們還能說這次擲骰是隨機的嗎？

在這意義上，真有什麼東西是隨機的嗎？換句話說，當我們以一模一樣 * 的方式重複事情好幾次，真有什麼情況會每次出現不同變數嗎？

我相信有。要找在這意義上真正隨機的東西，放射性衰變就是

 怎樣才算是「以一模一樣的方式重複事情」呢？首先，我們把會影響一個情況如何進展的條件都列出來。接著，在其他情況下，只要這些條件都符合，一模一樣的進展就會出現。大概是這樣。

一個常見例子。若你取來幾個一模一樣的鈾－238樣本，放著等它們衰變，會發現這些原子的衰變順序不但每次都不同，而且完全無法預測。如果這還不算隨機，我不知道什麼算。當然，在量子力學裡，隱變量理論（hidden variable theory）的支持者會反駁說，這些樣本一定是在**某些**地方有所不同，有某些「隱藏的變量」決定了我們看到的原子衰變順序。不過就我知道的，這只是出於信仰的宣言。

　　以上，我是用頻率論者的詞彙來描述放射性衰變裡深層的隨機性。但頻率論的說法只有在隨機是出現於重複事件的時候才合理。然而，有些隨機事件是一次性的，像是某個特定原子會在接下來五秒衰變這種。如果頻率論還不夠好，有哪種關於機率的詮釋能為隨機性提供最理想的描述呢？

藝術作品什麼時候算是模仿過了頭？

　　每個新的藝術作品多多少少都是模仿來的。就算是最有原創性的東西，也會藉創造者的知識，以各種方式從前輩身上複製內容、借取元素，並受其形塑。我們在攤位上遇到的問題是，在什麼情況下模仿**會過了頭**而成為問題？

　　這得看你想談哪種問題。若談美學方面，至少有個問題是，模仿會降低作品的價值。這問題可以很現實，比起複製品，大家願意出更多錢買原版。但更有趣的是，這議題也可以是關於我們是否享受一個東西，以及我們如何評斷它。麥基・史密斯（Mikey Smith）是個認真的音樂系學生，當初五分錢合唱團（Nickelback）發表了〈Someday〉，他注意到這首歌跟五分錢過去的作品〈How You Remind Me〉聽起來很像。為了證明它們有多像，史密斯用兩首歌剪了一個混編版本，這首混編歌在網路上流傳，後來有了自己的名字：〈How You Remind Me of Someday〉。人們對這混編作品有各種反應，而有些樂迷在聽了之後，對那兩首歌或其中一首，或整個五分錢樂團頓失興趣。

在我看來，這些反應都是關於我們如何感知藝術家在美學上的德行（virtues）和惡性（vices），也就是他們在美感上的好特色和壞特色。當樂團模仿自己過去的作品，我們理當認為他們怠惰、缺乏冒險精神，或者已經是老狗變不出新把戲。另一方面，若藝術家模仿其他藝術家的作品，而且並不是要做複製品，而是當成自己的原創作品，這可能顯示了當事人喜歡跟風趕流行。當然，若藝術家使用既有的音樂材料來製作，是為了展現自身的音樂知識，或者展現在新脈絡下活用老東西的巧思，那就不算是上述那種模仿。上面這些顧慮重要，因為我們之所以欣賞藝術作品，就算並非全部，也有一大部分是因為我們可以從中看出創作者的德行和惡性。因此，作品「模仿過頭」的一種情況，就是當我們可以由此看出作者的美學惡性的時候。

> 一位藝術家改變了我在這議題的看法。我跟他分享我認為著作權和專利系統是整個壞掉，而他跟我分享專利的特別用法。每次他創作新系列、開發新技術，都會試著申請專利，結果還真的可以申請到。於是他手上有一堆自己作品的專利。他也賣作品，但並不是為了商業利潤去申請專利，也沒真的告過人。藉由專利，他希望作品的原創性能獲得從《著作權法》和藝術圈無法得到的某種「官方認可」。我不知道有多少藝術家和發明家像他這樣，靠創作維生，而使用「智慧財產」只是為了讓作品獲得認可。

你最愛的動物是什麼？

維基百科有個特別的「玩法」：先點開隨便一個條目，然後點開頁面文字裡第一個條目連結，重複這行動，看看你要經過幾個條目，才會抵達「哲學」。

我剛剛才玩了一輪，這一輪的路線是：Neodactylota、旋蛾科、蛾、昆蟲、拉丁語、古典語言、語言、語言系統、索緒爾、瑞士、主權國家、國際法、國家、社區、分析層次、社會科學、知識、學術、事實、現實、心靈的客體、客體、哲學。我拿到二十二分。

這個維基百科遊戲可以顯示一件事情：所有東西都跟哲學有關聯，只要你夠用心就可以看出來。然而，這遊戲也有點誤導。這遊戲通常是這樣運作：你點擊的條目會一個比一個抽象，而當一個東西抽象到一定層次，它就屬於哲學領域了。但這並不是抵達哲學的唯一途徑。當我們在具體世界遇見一些奇怪的東西，哲學也同樣容易蹦出來。

「最愛什麼動物」問題，就是這樣出現的。一種回答方式，是想想哪種動物在哲學上最具啟發性、哪種動物能引導我們去思考最有

趣的哲學問題或看法。在攤位被問到這問題時，我的第一直覺是：蝴蝶。毛毛蟲有能力從環境學習，像是辨認食物來源，而在牠結蛹羽化成蝴蝶之後，依然會記得自己在毛毛蟲階段學到的事情！不只如此，蛹裡的毛毛蟲並不是一小塊一小塊逐漸變成蝴蝶，而是先轉化成一坨糊糊的東西，然後再變成蝴蝶。這顯示了，特定的記憶或知識，能以三種物理形式存在：毛毛蟲、糊糊的東西、蝴蝶。我並不認為這代表毛毛蟲有靈魂什麼的，但這確實代表了特定的心理狀態（mental state）可以實現於三種完全不同的物理系統。這世界能這樣運作，不但怪誕絢麗，也令人難以置信。

另外有種水母也很有趣，在生物學的意義上，他們永遠不會死。我會想要有那樣的生命嗎？在那種情況下，我會得到什麼、失去什麼？像人類這樣的生命，能相容於這種生物學上的永生嗎？

珊瑚礁也很有趣。整個珊瑚礁其實是**一個**巨大生物，這怎麼辦到的？在這世界上，所有的生物和物質之間，有各式各樣的互依互存關係，珊瑚只是其中一個例子。以人類來說，有無數生物在我們的腸道裡和臉上生活，而且牠們跟我們在基因上並無關聯。人類這種生物，究竟是如同我們一般認為的，在時空中生生滅滅，還是說其實我們更像是珊瑚礁，在時空中無限延展？更重要的是，這當中到底該怎麼區分呢？

上面這些只是我自己的例子。隨堂練習：想想看，你最喜歡的動物是什麼呢？

攤位上，在「最愛的動物」問題前，這位小孩先問的是，我有沒有玩過《Road Rage》這款電玩。我想當初其實可以問他喜歡這電玩的哪些地方，開啟一個關於美學判斷的討論，或者討論電玩是不是藝術，不過我反應不夠快。或許什麼話題都有機會扯到哲學，不過容不容易做到，就是另一回事了。

附錄：追加問題

要自學哲學，
最好的方法是什麼？該如何開始？

首先，你可以讀這本書。

若覺得這樣還不夠，你可以看看下一章，裡面推薦了各種延伸閱讀、影片和音檔。

若這樣還是不夠，有很多方式可以協助你深挖哲學。你有很多哲學podcast可以聽，像是Hi-Phi Nation、Examining Ethics、Elucidations、The History of Philosophy without Any Gaps，以及New Books in Philosophy。在YouTube上面，你可以看看Wi Phi的頻道，或者找找哲學家布萊恩・麥奇（Bryan Magee）的影片。或者，也有許多關於哲學的長篇電影，例如阿斯特拉・泰勒（Astra Taylor）《什麼是民主？》（*What Is Democracy?*），以及拉烏爾・佩克（Raoul Peck）《年輕的馬克思》（*The Young Karl Marx*）。

對於許多人來說，和別人一起學習，效果更好。我創辦的「布魯克林公共哲學家」（Brooklyn Public Philosophers）舉辦系列哲學活動，我們有專題演講、臉書粉絲頁和其他各式各樣玩意，也包括

「來問問哲學家」攤位。如果你像大部分人一樣不住紐約，可以找找附近大學哲學系的網站，看看有沒有演講之類的活動可以參加。假設當地還沒有哲學社群，你也可以創一個啊！可以考慮聯絡「美國哲學家社群」（the Society of Philosophers in America，SOPHIA），他們能幫助你建立哲學討論社團。

有些人認為學哲學的最佳方法是讀歷史上的哲學經典，像是柏拉圖《理想國》、休姆（David Hume）《人性論》（*A Treatise of Human Nature*）、康德《純粹理性批判》之類。我高中同學以前管這些書叫「巨著」。然而，這些巨著通常很難讀，而且是不必要地難讀，再者，現代哲學家的學術交流主要是透過論文。比起閱讀經典，我更推薦找本好的論文選輯，例如《Norton Introduction to Philosophy》。

有些人問我，我自己最喜歡哪些哲學書。我不確定，不過簡單列一下的話：J. L. 奧斯丁（J. L. Austin）《Philosophical Papers I》、魯道夫·卡納普（Rudolf Carnap）《The Logical Structure of the World》、保羅·格萊斯（Paul Grice）《Studies in the Way of Words》、卡爾·韓培爾（Carl Hempel）《Aspects of Scientific Explanation》、索爾·克里普克（Saul Kripke）《Naming and Necessity》、W. V. O. 奎因（W. V. O. Quine）《Ontological Relativity and Other Essays》，還有馬克·威爾森（Mark Wilson）《Wandering Significance》。

尷尬的是，這清單上都是白種男人。所以讓我補充一些來自女性的好作品：路易絲·安東尼（Louise Antony）〈The Socialization of Epistemology〉，收錄於《The Oxford Handbook of Contextual Political Analysis》、南希·鮑爾（Nancy Bauer）〈Pornutopia〉，收錄於《How

to Do Things with Pornography》、伊麗莎白・坎普（Elizabeth Camp）
〈Why Metaphors Make Good Insults〉，收錄於期刊《Philosophical
Studies》174, no. 1 (2017), 47–64、安吉拉・戴維斯（Angela Davis）《Are
Prisons Obsolete?》第三章和第六章、露絲・密立根（Ruth Millikan）
〈Pushmi-Pullyu Representations〉，收錄於《Language: A Biological
Model》、瑪莎・納思邦（Martha Nussbaum）〈Love's Knowledge〉，
收錄於《Love's Knowledge》，以及〈Objectification〉，收錄於期刊
《Philosophy and Public Affairs》24, no. 4 (1995), 249–91，最後，還有里夫
卡・溫伯格（Rivka Weinberg）〈Why Life Is Absurd〉，收錄於《紐約
時報》的「The Stone」專欄：
https://opinionator.blogs.nytimes.com/2015/01/11/why-life-is-
absurd/

　　當然，西方世界之外也有很多好的哲學作品。例如伊本・西那
（Avicenna）的「漂浮的人」論證，你可以在這裡看到：
https://www.davidsanson.com/texts/avicenna-floating-man.html
以及，阿列克斯・麥克洛德（Alexus McLeod）的《Philosophy of the
Ancient Maya: Lords of Time》、菲利普・伊凡霍（Philip Ivanhoe）
和布萊恩・范・諾爾登（Bryan Van Norden）編的《Readings in
Classical Chinese Philosophy》裡面可以找到孟子、墨子和莊子的
選輯、龍樹的《中論》，英文版《The Fundamental Wisdom of the
Middle Way》由傑・加菲爾德（Jay Garfield）翻譯，我特別推薦第
二十四章、塞巴斯提安・珀塞爾（Sebastian Purcell）在《Aeon》上
發表的〈What the Aztecs can teach us about happiness and the good

life〉，你可以在這裡看到：
https://aeon.co/ideas/what-the-aztecs-can-teach-us-about-happiness-and-the-good-life

薩戈耶瓦瑟（Sogoyewapha）〈The Religion of the White Man and the Red〉，你可以在這裡看到：
https://www.bartleby.com/268/8/3.html

《孝經》討論家庭和國家的關聯，你可以在這裡看到英文版：
http://chinesenotes.com/xiaojing/xiaojing001.html

《彌蘭王問經》討論關於自我的問題，你可以在這裡看到英文摘要：
https://www.budsas.org/ebud/ebsut045.htm

澤拉‧雅各布（Zera Yacob）《Hatata》，你可以在這裡看到英文摘要：
http://www.alexguerrero.org/storage/Zera_Yacob.pdf

參考資料和推薦閱讀

　　為什麼有東西存在，而不是什麼都沒有？吉姆‧霍爾特（Jim Holt）《世界為何存在？》（*Why Does the World Exist?*，大塊文化出版、陳信宏譯，二〇一六）提供了一些可能答案，只是全部都是錯的。[1]

　　關於有意義的工作的心理學，可以參考貝瑞‧施瓦茨（Barry Schwartz）《Why We Work》。

　　關於有效利他倡議，以及這在這方面非常重要的各種工作，可以參考這個網站：

http://80000hours.org

　　如果人類是外星人養來吃的，那我們的生命還有意義嗎？關於這類問題可以參考湯瑪斯‧內格爾（Thomas Nagel）〈The

---

譯註 1 　本書提到的資料若有中文版，我會把中文版列出來，不客氣。:)

Absurd〉，收錄於《Mortal Questions》，也可以在這裡看到：
https://philosophy.as.uky.edu/sites/default/files/The%20
Absurd%20-%20 Thomas%20Nagel.pdf

另一篇關於生命荒謬性的文章，同時也是我最喜歡的哲普作品，請洽里夫卡‧溫伯格（Rivka Weinberg）〈Why Life Is Absurd〉，收錄於二〇一五年一月十二號的《紐約時報》，你可以在這裡看到：
https://opinionator.blogs.nytimes.com/2015/01/11/why-life-is-absurd/

關於我們是否不太了解自己的經驗，可以參考艾瑞克‧史維茨基貝爾（Eric Schwitzgebel）〈The Unreliability of Naive Introspection〉，收錄於期刊《Philosophical Review》117 (2008): 245–73，你可以在這裡看到：
https://faculty.ucr.edu/~eschwitz/SchwitzPapers/Naive1.pdf

我們能藉由溯因法得到關於外在世界的知識嗎？可以參考羅素（Bertrand Russell）《哲學問題》（The Problems of Philosophy，五南出版、何兆武譯）第二章，你可以在這裡看到：
https://www.wmcarey.edu/crockett/russell/ii.htm

簡‧卡茲（Jean Kazez）在《The Philosophical Parent》裡試圖論證說，若小孩將來能過上好生活，生小孩會比較好，此外這本書也討論了其他跟養育小孩有關的哲學問題。

管理資本主義（managerial capitalism）有什麼問題嗎？伊莉莎白·安德森（Elizabeth Anderson）在《Private Government》裡詳細闡述了一個系統性的論證（genealogical argument）。

人類對色彩的思考如何能有主觀和客觀兩種維度？這在哲學上為何重要？可以聽澤德·亞當斯（Zed Adams）和馬特·泰其曼（Matt Teichman）在《Elucidations》這個 podcast 節目上的對談〈Episode 95: Zed Adams discusses the genealogy of color〉，網址是：https://lucian.uchicago.edu/blogs/elucidations/2017/04/10/episode-95-zed-adams-discusses-the-genealogy-of-color/

泰德·薩德（Ted Sider）的文章〈Time〉辯護時間旅行，並涉及一些好玩的時間哲學問題，本文收錄在厄爾·科尼和泰德·薩德的《Riddles of Existence》。

要更完整了解孟子對人性的正面看法，可以參考馬修·沃克（Matthew Walker）在可汗學院的影片〈Ancient: Mengzi (Mencius) on Human Nature〉，網址是：https://www.youtube.com/watch?v=qvmxbDomk90

內心深處我們究竟是什麼？妮娜·司特林格（Nina Strohminger）、約書亞·諾布（Joshua Knobe）和喬治·紐曼（George Newman）的論文〈The True Self: A psychological concept distinct from the self〉對真實自我概念提出了好質疑。這篇文章收錄在期刊《Perspectives on Psychological Science》12 (2017): 551-60，你可以在這看到：

http://ninastrohminger.com/papers

《A Philosophy for the Science of Well-Being》，在這本書裡，安娜‧亞歷山德羅娃（Anna Alexandrova）把人們的務實考量和研究福祉的科學家們的考量放在一起討論。

關於科學和宗教的歷史淵源，我在這本書裡的說法來自約翰‧赫德利‧布魯克（John Hedley Brooke）《Science and Religion: Some Historical Perspectives》。

〈The Nature and Significance of Happiness〉，丹‧海布朗（Dan Haybron）在這篇文章裡辯護情緒狀態理論，改變了我在這議題的想法。文章收錄在《The Oxford Handbook of Happiness》，這本書由蘇珊‧包尼沃（Susan Boniwell）、伊洛娜‧戴維德（Ilona David）和亞曼達‧康利‧艾爾（Amanda Conley Ayers）合編。

尼克‧休傑特（Nick Huggett）和卡爾‧胡佛（Carl Hoefer）的文章〈Absolute and Relational Theories of Space and Motion〉對絕對空間問題提供了經驗和理論上的豐富討論，你可以在《史丹佛哲學百科》（The Stanford Encyclopedia of Philosophy）看到它：https://plato.stanford.edu/entries/spacetime-theories/

想了解「說明」的結構，以及說明產生的心理影響，塔尼亞‧隆布羅佐（Tania Lombrozo）這篇論文是相當友善的說明：〈The structure and function of explanations〉收錄於期刊《Trends in

Cognitive Sciences》10, no. 10 (2006): 464–70，你可以在這裡看到：
https://cognition.princeton.edu/sites/default/files/cognition/
files/tics_explanation.pdf

亞里斯多德有篇失落的遺稿用哲學討論網路小白（trolling），認真的，絕非惡搞。詳見瑞秋‧巴尼（Rachel Barney）的〈[Aristotle], On Trolling〉，收錄在期刊《Journal of the American Philosophical Association》2, no. 2 (2016): 1–3，你可以在這裡看到：
https://philpapers.org/archive/BARAOT-9

情感究竟表徵些什麼？在《Gut Reactions: A Perceptual Theory of Emotion》這本書裡，傑西‧普林茲（Jesse Prinz）試圖用情感「被安排去觸發」的東西來回答這個問題。

人要怎麼知道自己陷入愛河？瑪莎‧納思邦在〈Love's Knowledge〉這篇文章裡討論這個問題，文章收錄在她的書《Love's Knowledge: Essays on Philosophy and Literature》。

關於那些和同性戀有關的哲學問題，可以參考布倫特‧皮克特（Brent Pickett）為《史丹佛哲學百科》撰寫的詞條〈Homosexuality〉，網址是：
https://plato.stanford.edu/entries/homosexuality/

關於性別的形上學，可以參考B. R. 喬治（B. R. George）和R. A. 布理格斯（R. A. Briggs）這篇〈Science Fiction Double Feature: Trans

Liberation on Twin Earth〉。
https://philpapers.org/rec/GEOSFD

　　隱喻如何引導道德判斷？在喬治‧萊考夫（George Lakoff）
《Moral Politics》，你可以找到關於「帳目」隱喻和其他隱喻的深入
討論。

　　「仕紳化」是什麼？會造成哪些傷害？還有什麼相關社會問題值
得注意？隆納‧桑德斯壯（Ronald Sundstrom）在他即將出版的書
《Gentrification, Integration, and Racial Equality》裡討論了上述問題。

　　在伊比鳩魯的文章〈Letter to Menoeceus〉裡，你可以找到幾
個經典論證，試圖說明為什麼你的死亡對你來說不是壞事。此文收
錄於《The Essential Epicurus》，英文版由歐仁‧奧康納（Eugene
O'Connor）翻譯。

　　在盧克萊修《On the Nature of Things》第三冊裡，你可以找到
更多相關論證，這本書的英文版由馬丁‧弗格森‧史密斯（Martin
Ferguson Smith）翻譯。

　　為什麼今天的你跟兩歲的你是同一個你？這在哲學上屬於人格
同一性（personal identity）問題。德里克‧帕菲特（Derek Parfit）
在〈Personal Identity〉這篇文章裡提出一個回應此問題的方向。
他的說法幫助我舒緩了面對自身死亡的焦慮。文章刊登於期刊
《Philosophical Review》80, no. 1 (1971): 3–27，你可以在這裡看到：

http://home.sandiego.edu/~baber/metaphysics/readings/Parfit.
PersonalIdentity.pdf

對於已經死掉的人，我們依然抱有義務，是嗎？我最喜歡的哲學 podcast《Hi-Phi Nation》第一季第一集剛好就討論這個，並且給出了一個嚴謹又好玩的反對意見，你可以在這裡聽到：
https://hiphination.org/complete-season-one-episodes/episode-one-the-wishes-of-the-dead/

退休和老去能讓我們了解人的脆弱和慣常思維的侷限，這個論點來自珍・巴斯（Jan Baars）的文章〈Aging: Learning to Live a Finite Life〉，收錄於期刊《Gerontologist》57, no. 5 (2017): 969–76。

在〈The Concept of Mental Disorder〉這篇文章裡，傑羅姆・韋克菲爾德（Jerome Wakefield）說明為什麼我們應該把心理疾病理解成「心智無法正常運作，並造成傷害」，文章收錄於期刊《American Psychologist》47, no. 3 (1992): 373–88。

關於無知之幕，以及何謂公平的社會契約，可以參考麥可・桑德爾（Michael Sandel）《正義：一場思辨之旅》（*Justice*，陳信宏譯，先覺出版，2018）第六章。

關於我們該如何信任專家，本書基於簡略無法提供更技術性的討論，你可以在大衛・科迪（David Coady）《What to Believe Now》第二章找到這討論，以及其他相關的好玩哲學問題。

關於道德教育的目的，以及我在本書提出的想法，你可以在〈Exemplars and nudges: Combining two strategies for moral education〉這篇文章裡找到更多證據，這篇文章由巴特·恩格倫（Bart Engelen）、艾倫·托馬斯（Alan Thomas）、阿爾弗雷德·阿切爾（Alfred Archer）和尼爾斯·範·德·芬（Niels van de Ven）合著，收錄於期刊《Journal of Moral Education》(2018): 1–20，你可以在這裡看到：

https://doi.org/10.1080/03057240.2017.1396966

不正義的歧視和壓迫可能以哪些形式出現？在〈The Five Faces of Oppression〉這篇文章裡，艾里斯·瑪麗思·楊（Iris Marion Young）提供了更完整的討論，本文收錄於他的《正義與差別政治》（*Justice and the Politics of Difference*，陳雅馨譯，商周出版，2017），你可以在這裡看到：

https://www.sunypress.edu/pdf/62970.pdf.

如果氣候變遷是壞事，我們最好找到問題癥結所在。在相關的道德和機制問題上，史蒂芬·M·加德納（Stephen M. Gardiner）的文章〈A Perfect Moral Storm: Climate Change, Intergenerational Ethics and the Problem of Moral Corruption〉提供了比我更悲觀的看法。這篇文章收錄於期刊《Environmental Values》15 (2006): 397– 413，你可以在這裡看到：

http://ww.hettingern.people.cofc.edu/Environmental_Philosophy_Sp_09/Gardner_Perfect_Moral_Storm.pdf

在〈Against Time Biases〉裡，普雷斯頓・格林（Preston Greene）和梅根・沙利文（Meghan Sullivan）試圖論證時間折價不理性。這篇文章收錄於期刊《Ethics》125, no. 4 (2015): 947–70。

在這本書裡，我藉由「重量」這詞的用法來回答關於番茄醬的問題。關於這個用法，以及關於語詞的意義如何隨著我們測量東西的方式而改變，可以參考馬克・威爾森（Mark Wilson）《Wandering Significance》。

傑洛米・沃準（Jeremy Waldron）為《史丹佛哲學百科》撰寫的條目〈Property and Ownership〉介紹了各種跟性質有關的哲學問題，你可以在這裡看到：
https://plato.stanford.edu/entries/property/

在〈The Unreasonable Effectiveness of Mathematics in the Natural Sciences〉這篇文章裡，尤金・維格納（Eugene Wigner）介紹了一個好玩又出乎意料的數學哲學問題，這篇文章收錄於期刊《Communications in Pure and Applied Mathematics》13, no. 1 (1960)，你可以在這裡看到：
https://www.maths.ed.ac.uk/~v1ranick/papers/wigner.pdf

何謂「正宗」？這概念可能引發哪些衝突？雷貝嘉・羅恩霍爾斯（Rebecca Roanhorse）在〈Welcome to Your Authentic Indian ExperienceTM〉這篇文章裡提供了超狂的討論。文章收錄於《Apex》，你可以在這裡看到：

https://www.apex-magazine.com/welcome-to-your-authentic-indian-experience/

　　道德判斷可能出於自動，也可能出於思慮，約書亞‧格林（Joshua Greene）的文章〈Beyond Point-andShoot Morality〉討論了這個區分的本質和重要性。文章收錄於期刊《Ethics》124, no. 4 (2014): 695–726，你可以在這裡看到：
https://psychology.fas.harvard.edu/files/psych/files/beyond-point-and-shoot-morality.pdf

　　關於人類對傷害無辜的反感，納西索‧伊班內茲‧塞拉多爾（Narciso Ibáñez Serrador）執導的電影《Who Can Kill a Child?》詭異而富有意涵。

　　什麼東西能擁有信念，這端賴我們能否簡潔地使用信念相關的詞彙描述它，是嗎？在〈Real Patterns〉這篇文章裡，丹尼爾‧丹尼特（Daniel Dennett）為這說法提供了令人驚豔的辯護。文章收錄於期刊《Journal of Philosophy》88, no. 1 (1991): 27–51，你可以在這裡看到：
https://ruccs.rutgers.edu/images/personal-zenon-pylyshyn/class-info/FP2012/FP2012_readings/Dennett_RealPatterns.pdf

　　關於佛教，埃文‧湯普森（Evan Thompson）懂得比我多很多，在《Why I Am Not a Buddhist》這本書裡，他辯護和我相近的結論。

在〈Quining Qualia〉這篇文章裡，丹尼爾‧丹尼特用類似雷根糖案例的例子和其他證據，來說明人類的意識沒有我們常識上認為的那麼簡單。這篇文章收錄於馬瑟（Marcel）和比夏克（Bisiach）合編的《Consciousness in Modern Science》，也可以在這看到：
http://cogprints.org/254/1/quinqual.htm

安‧索菲‧巴維奇（Ann-Sophie Barwich）的文章〈Making Sense of Scents: The Science of Smell〉介紹關於嗅覺的哲學和科學，也談一點味覺。文章發布在網站《Auxiliary Hypotheses》：
https://thebjps.typepad.com/my-blog/2017/01/making-sense-of-scents-the-science-of-smell-ann-sophie-barwich.html.

隱念（alief）是類似信念的心理狀態，有可能幫助我們理解「抵抗想像」和虛構事物引起的謎團，以及我們是如何入戲和出戲。塔馬爾‧甘德勒（Tamar Gendler）的文章〈Alief and Belief〉提供了相關討論，文章收錄於期刊《Journal of Philosophy》105, no. 10 (2008): 634–63。

休‧梅洛（Hugh Mellor）的《Probability: A Philosophical Intro duction》介紹了各種理解可能性的方式，以及它們的優缺點，是本好進入的讀物。

華特‧班雅明（Walter Benjamin）〈The Work of Art in the Age of Mechanical Reproduction〉是討論藝術重製重要性的經典著作，收錄於他的《Illuminations》，英文版由哈利‧佐恩（Harry Zohn）

　　　　　　　　　　　　　　　　　來問問哲學家

翻譯，你可以在這裡看到：
https://www.marxists.org/reference/subject/philosophy/works/
ge/benjamin.htm.

　　在〈Melancholy Elephants〉這篇短篇小說裡，斯彼得・羅賓遜
（Spider Robinson）戲劇化地呈現了著作權議題，也嚴肅地推進了關
於模仿和原創的哲學討論，這篇小說收錄於《Analog》June 1982，
你可以在這裡看到：
http://www.spiderrobinson.com/melancholyelephants.html

　　德里克・斯基林斯（Derek Skillings）在《Aeon》發表的文章
〈Life is not easily bounded〉討論了一些在時間和空間上界限怪異的
生物，你可以在這裡看到：
https://aeon.co/essays/what-constitutes-an-individual-
organism-in-biology

致謝

　　這本書由我掛名，但其實出於眾人之力。布魯克林公共圖書館（Brooklyn Public Library）贊助並協助規劃「來問問哲學家」攤位，在這之外也是哲學在紐約的強力盟友。我們也收到美國哲學學會的 Berry Fund，以及 Humanities NY 的贊助。我們的攤位曾受到這些單位的支持：GrowNYC's Greenmarkets, Turnstyle Underground Market, the Brooklyn Book Festival, Socrates Sculpture Park, Bryant Park, Brooklyn Pride Parade, IMPACCT Brooklyn, the Flatbush Avenue Street Fair, West Elm, City Point, the Market at the Brooklyn Museum, SEPTA, the Metropolitan Transportation Authority，以及（in radio form）by WNYC's All of It with Alison Stewart。若沒有我的編輯 Stephen S. Power，就不會有這本書。對於所有為「來問問哲學家」貢獻時間、精力和專業的哲學家，我無限感激，這些人包括（希望我沒有漏掉）：Leslie Aarons Stewart, Ben Abelson, Ericka Abraham, Zed Adams, Roman Altshuler, Carlo Alvaro, Vinny Andreassi, Elvira Basevich, Margaret Betz, Joe Biehl, Carrie-Ann Biondi, D Black, Adam Blazej, Michael Brent, Evan Butts, Cristina Cammarano, Kristi-Lynn Cassaro, Kevin Cedeño-Pacheco, Ignacio Choi, Skye Cleary, Jesi Taylor

Cruz, Zoe Cunliffe, Henry Curtis, Ryan Felder, Phoebe Friesen, Kate Ghotbi, Anna Gotlib, Dana Grabelsky, Pamela Guardia, Alex Guerrero, Bixin Guo, Noah Hahn, Ethan Hallerman, Geoff Holtzman, Brian Irwin, Marilynn Johnson, Jenny Judge, Justin Kalef, Laura Kane, Jonathan Kwan, Arden Koehler, Zoey Laval-lee, Céline Leboeuf, Qrescent Mali Mason, Andrew McFarland, Lee McIntyre, Joshua Norton, Claudia Pace, Connie Perry, Jeanne Proust, Qianyi Qin, Shivani Radhakrishnan, Rick Repetti, Bryan Sacks, Greg Salmieri, Miriam Schoenfield, Damion Scott, Jennifer Scuro, Casandra Silva Sibilin, Bart Slaninka, Joanna Smolenski, Alex Steers-McCrum, Christopher Steinsvold, Ali Syed, Travis Timmerman, Quixote Vassi-lakis, Denise Vigani, Paul de Vries, Thomas Whitney，以及Matthew Young。Nancy McHugh和 Derek Skillings給本書初稿提供了很棒的意見。我的伴侶Jen Ortiz 和我的雙親David Olasov、Sharon Spellman為攤位營運提供精神 和物質上的協助。最後，駐足攤位參與討論的每個人，都跟我們分 享了他的點子、關懷和靈光乍現，這些讓這本書得以成真。因此， 感謝你們！

譯後記

朱家安

在社會上談論哲學，要介紹哲學家和哲學理論相對容易，要讓讀者嘗試用哲學方式思考則很困難，而你手上這本書，以輕鬆的語調辦到了這件事。

《來問問哲學家》是作者和哲學家同儕們到處擺攤跟人討論哲學的記錄。這些學者帶著桌椅、糖果和裝有哲學問題紙條的碗，讓哲學走出學院，走進公園、市集和街頭。這些討論並不是傾洩哲學理論，而是真誠了解對方，並提供意見和追問，就算你不同意作者記錄的觀點，也可以從中獲得啟發，例如：

Q：資本主義有什麼問題嗎？

A：如果你認為某個東西的分配可以純然交給市場，就代表你認為窮人沒有那個東西也無所謂。

Q：同性戀是天生的嗎？

A：性傾向是否天生是科學問題，但社會怎麼設定性傾向議題的討論框架，則是價值問題。你不會覺得「喜歡長頭髮是天生的

嗎？」這個問題有什麼意義，那為什麼會你覺得「喜歡同性是天生的嗎？」這個問題有意義？

Q： 跨性別當中的女跨男也算是男生嗎？

A： 他們希望你稱呼他們為男生，而且稱呼他們為男生並不會造成什麼傷害，有什麼理由不這樣做嗎？

在這些討論記錄裡，我看到哲學家的靈巧和發人省思的引導，就算許多哲學問題沒有放諸四海皆準的答案，但我們依然可以藉由討論和思考取得進展，學會觀察自己和理解別人。

回想古希臘雅典的蘇格拉底，哲學本來就始於街頭，而我也相信哲學得要回到街頭，才能發揮它對人類的獨特助益，讓人了解自己、體會思考的樂趣、反省自我、活出有趣的日子。

身為哲學老師和作家，《來問問哲學家》記錄的論點和思考方式給我很多啟發，能用更廣的眼光看各種問題、從各種問題中看出哲學趣味、有勇氣和靈感發想過去不會想到的論點。事實上，在翻譯這本書的期間，書中看法就已經開始對我的寫作和教學工作產生正面影響，這也讓我在翻譯上投注更多心思，希望把這些好東西帶進中文世界。

最後，我想感謝幫助中譯本產出的人們。廖宏霖邀請我翻譯這本書，這是我這幾年接到最速配的合作。責任編輯陳彥廷跟我仔細確認書中每一個細節，廖佩杏和劉維人兩位譯者則給了譯稿無數建議。本書涉及主題廣博，也承蒙廖英凱、賴以威、程威銓、賴天恆、李佳庭、黃頌竹、小林繩霧、紀金慶和盧靜分別從他們的專業領域提供協助。

譯後記　朱家安

學習建議

　　本書是非常好的哲學入門，交代哲學家如何理解問題和想事情，每則討論幾乎都不預設哲學知識，任何人都可以進入。以下我也分享一些給初學者的學哲學建議，並附上中文世界的哲學延伸閱讀資源。

- **注意興趣**：你真的覺得思考哲學問題和理解哲學想法有趣嗎？注意自己是否感到趣味盎然，不但可以藉此了解自己的理解程度，也可以知道自己現在面對的是否真是你最喜歡的哲學題目。

- **慢慢來**：哲學需要時間，在〈若人類殖民火星，誰能擁有火星的土地？〉和其他篇章中，作者也描述了哲學家不見得每次都能即時想出夠好的答案來回應問題。《來問問哲學家》並不是要告訴你哲學問題的答案，而是要給個起頭，讓你方便思考自己的回答。面對問題，卡住和沒頭緒不見得是壞事，反而可能只代表你的心靈正在努力運轉。若你花十分鐘讀完一篇討論，能再花二十分鐘想想自己的看法，通常會更有收穫。

- **小心「深度」**：有些哲學看似有深度，是因為沒人能真正理解，例如問題有待釐清，或者論述不夠明確。我希望《來問問哲學家》能讓你體會與此相反的深度：藉由清楚的論述和分析來增加理解，讓人掌握過去難以掌握的問題、現象或概念。能讓你理解的哲學，對你來說才有價值，因為如果你不理解，你其實無法區分眼前的是哲學還是唬爛。

- **哲學？還是哲學家？** 有些哲學家很有魅力，引起人的崇拜和好奇，但這些也可能讓你無法全心體會哲學思考本身的樂趣，因為你可能因此：（1）專注於哲學家的生平八卦勝過他的主張和論證；（2）因為崇拜特定哲學家而高估他說法的合理性，或者對他看似有深度但其實只是語焉不詳的地方過於寬容；（3）如同本書作者在〈我們有自由意志嗎？〉一節中擔心的，傾向於認為只有那些有哲學家背書的問題才算是哲學問題。

- **尋找同好：** 跟同好討論可以讓哲學更有趣，在討論中你不但可以獲得新觀點，還可以練習理解、回應這些不僅僅能用於哲學的溝通技巧。你可以在下面「中文哲學資源」裡各種哲學組織的社群平台上找到同好。

- **掌握地圖：** 你當然可以逛街遇到自己感興趣的哲學問題，接著一頭栽進去。不過，你也可以考慮先掌握地圖。如果你知道當代哲學研究哪些主要問題、分成哪些領域，那麼當你遇見新的哲學問題，會更容易知道哲學家如何問這個問題，以及有哪些相關的哲學問題和理論可以協助你思考。要掌握地圖，以下是分析哲學各種主要領域當中我最推薦的中文讀物：

★ **哲學概論：**《哲學入門九堂課》（*What does it all mean? : a very short introduction to philosophy*，湯瑪斯・內格爾〔Thomas Nagel〕，黃惟郁譯，究竟出版，2002）
  - 資訊量多一點的版本《如果沒有今天，明天會不會有昨天》（*Ohne Heute gäbe es morgen kein Gestern*，易夫斯・波沙特〔Yves Bossart〕，區立遠譯，商周出版，2015）
  - 比較簡單的版本《今天學哲學了沒》（張智皓，商周出版，2013）
  - 比較難的版本《哲學入門：想想哲學》（彭孟堯，洪葉文化，2015）

★ 形上學：《形上學》（王文方，三民，2008）

· 比較簡單的版本《這是個什麼樣的世界》（王文方，三民，2005）

· 自由意志《你以為你的選擇真的是你的選擇？》（*Freedom Regained: The Possibility of Free Will*，朱利安・巴吉尼〔Julian Baggini〕，黃煜文譯，商周出版，2016）

★ 知識論：《知識論》（二版）（彭孟堯，三民，2020）

· 非典型知識論《知識的不正義：偏見和缺乏理解，如何造成不公平？》（*Epistemic Injustice: Power and the Ethics of Knowing*，米蘭達・弗里克〔Miranda Fricker〕黃珮玲譯，八旗文化，2019）

★ 倫理學：《正義：一場思辨之旅》（*Justice*，邁可・桑德爾〔Michael Sandel〕，陳信宏譯，先覺，2018）

· 用思想實驗討論道德的深入分析《道德可以建立嗎？：在麵包香裡學哲學，法國最受歡迎的19堂道德實驗哲學練習課》（*L'influence de l'odeur des croissants chauds sur la bonté humaine*，胡文・歐江〔Ruwen Ogien〕，馬向陽譯，臉譜，2017）

· 女性主義的新觀點《不只是厭女：為什麼越「文明」的世界，厭女的力量越強大？拆解當今最精密的父權敘事》（*Down Girl: The Logic of Misogyny*，凱特・曼恩〔Kate Manne〕，巫靜文譯，麥田，2019）

· 電車難題專書《你該殺死那個胖子嗎？：為了多數人幸福而犧牲少數人權益是對的嗎？我們今日該如何看待道德哲學的經典難題》（*Would You Kill the Fat Man?: The Trolley Problem and What Your Answer Tells Us about Right and Wrong*，大衛・愛德蒙茲〔David Edmonds〕，漫遊者文化，2017）

· 當我們做道德判斷，我們到底在幹嘛？《好人總是自以為是》（The Righteous Mind: why good people are divided by politics and religion，強納森・海德特〔Jonathan Haidt〕，姚怡平譯，大塊文化，2015）

★ 政治哲學《當代政治哲學導論》（*Contemporary Political Philosophy*，威爾・金里卡〔Will Kymlicka〕，劉莘譯，聯經出版，2003）

· 關於政治宣傳的必讀之作《修辭的陷阱：為何政治包裝讓民主社會無法正確理解世界？》（*How Propaganda Works*，傑森・史丹利

〔Jason Stanley〕，劉維人譯，八旗文化，2021）

- 關於平等的新討論《為何不平等至關重要》（*Why Does Inequality Matter?*，托馬斯·斯坎倫〔T. M. Scanlon〕，盧靜譯，麥田，2021）
- 政治義務的新觀點《抵抗的義務：面對不義的非文明抗命行動》（*A Duty to Resist: When Disobedience Should Be Uncivil*，康迪絲·戴瑪〔Candice Delmas〕，許瑞宋譯，時報出版，2019）

★ **法律哲學：《法律是什麼？法哲學的思辨旅程》**（法とは何か：法思想史入門，長谷部恭男〔はせべ やすお〕郭怡青譯，商周出版，2012）

★ **科學哲學：《科學哲學：理論與歷史》**（陳瑞麟，群學，2010）
  - 續作《科學哲學：假設的推理》（二版）（陳瑞麟，五南，2017）

★ **語言哲學：《語言哲學》**（王文方，三民，2011）

★ **心靈哲學：《心與認知哲學》**（彭孟堯，三民，2011）
  - 來自腦神經科學的完整補充《留心你的大腦：通往哲學與神經科學的殿堂》（*Minding the Brain: A Guide to Philosophy and Neuroscience*，格奧爾格·諾赫夫〔Georg Northoff〕，洪瑞璘譯，國立臺灣大學出版中心，2016）

中文哲學資源

　　香港「立場新聞」的哲學版由加州大學的哲學家王偉雄主持，文章品質一直都很好，我主持的「沃草烙哲學」在udn鳴人堂兩週刊出一次文章，主要由台灣哲學研究生撰稿。台灣的「哲學新媒體」是年輕哲學推廣組織，香港「好青年荼毒室」產出文章、書籍、影片、實體講座和數位課程，是中文世界產量最豐富的哲學推廣組織，位於風雨飄搖的香港，值得你到他們的Patreon頁面課金贊助。

　　「毛毛蟲兒童哲學基金會」和「台南塾」是成熟的兒童哲學教育組織。台灣大學、政治大學和「Phedo台灣高中哲學教育推廣學會」過去每年都會在假期舉辦高中生哲學營隊。「簡單哲學實驗室」則

會舉辦成年人哲學營隊。

　　如果你想了解任何哲學概念，如果你的英文閱讀還行，由學者撰寫的《史丹佛哲學百科》（*Stanford Encyclopedia of Philosophy*）通常是第一時間最好的選擇。中文資料方面，《華文哲學百科》由台灣學者撰寫，詞條也快速累積中，值得期待。

　　最後，當然也歡迎你追蹤我，我在臉書（krisnight）、推特（phiphicake）和Instagram（krisnight）上進行哲學討論。

VIEW 99

來問問哲學家：你沒想到的好問題，以及它們的答案
Ask a Philosopher: Answers to Your Most Important and Most Unexpected Questions

作　　者／伊恩‧奧拉索夫（Ian Olasov）
譯　　者／朱家安
封面暨內頁設計／江孟達
編　　輯／陳彥廷
校　　對／朱家安、廖宏霖
責任企畫／金多誠、林進韋
內頁排版／立全電腦印前排版有限公司

總 編 輯／胡金倫、曾文娟
董 事 長／趙政岷
出 版 者／時報文化出版企業股份有限公司
　　　　　一〇八〇一九 台北市和平西路三段二四〇號七樓
　　　　　發行專線／（〇二）二三〇六六八四二
　　　　　讀者服務專線／〇八〇〇二三一七〇五
　　　　　讀者服務專線／（〇二）二三〇四七一〇三
　　　　　讀者服務傳真／（〇二）二三〇四六八五八
　　　　　郵撥／一九三四四七二四時報文化出版公司
　　　　　信箱／一〇八九九臺北華江橋郵局第九九信箱
時報悅讀網／ http://www.readingtimes.com.tw
時報文化臉書／ https://www.facebook.com/readingtimes.fans
法律顧問／理律法律事務所 陳長文律師、李念祖律師
印　　刷／綋億印刷有限公司
初版一刷／二〇二一年八月二十日
定　　價／新台幣三二〇元
（缺頁或破損的書，請寄回更換）
ISBN：978-957-13-9187-8（平裝）

時報文化出版公司成立於一九七五年，
一九九九年股票上櫃公開發行，二〇〇八年脫離中時集團非屬旺中，
以「尊重智慧與創意的文化事業」為信念。

來問問哲學家：你沒想到的好問題，以及它們的答案
/ 伊恩.奧拉索夫(Ian Olasov)作；朱家安譯. -- 初
版. -- 臺北市：時報文化出版企業股份有限公司，
2021.08
　面；　公分. -- (View；VP00099)
譯 自：Ask a philosopher：answers to your most
important and most unexpected questions.
ISBN 978-957-13-9187-8(平裝)

1.哲學 2.通俗作品

100　　　　　　　　　　　　　　　110010224

ISBN 978-957-13-9187-8
Printed in Taiwan